高等职业教育"双高"建设成果教材

高职院校公共基础课能工巧匠系列教材·劳动教育类

高等职业教育新形态一体化教材

大学生劳动
教育教程

主　编　何光明　张华敏　李明蔚

副主编　范可佳　蒋　斌　江　兵

中国教育出版传媒集团

高等教育出版社·北京

内容简介

　　本教材是高等职业教育"双高"建设成果教材，是公共基础课能工巧匠系列教材之一，也是新形态一体化教材。全书贯彻落实党的二十大关于"在全社会弘扬劳动精神、奋斗精神、奉献精神、创造精神、勤俭节约精神，培育时代新风新貌"的相关要求，根据中共中央、国务院发布的《关于全面加强新时代大中小学劳动教育的意见》和教育部印发的《大中小学劳动教育指导纲要（试行）》编写而成，结合新时代的特点，全面、系统地分析了新时代高校开展劳动教育的意义和价值，探讨了新时代大学生应当如何通过劳动教育和劳动实践培养热爱劳动、尊重劳动的劳动精神，高校应如何培育具有实干能力、创新精神和担当品质的社会主义时代新人等问题。全书共分为七章，内容涉及劳动教育概述、树立正确劳动观、劳动精神培育、劳动教育实践、劳动安全和急救常识、劳动法律法规、劳动创新与创业，各章均设置思想领航、案例导引、讨论交流、劳动实践活动等栏目，内容丰富，深入浅出，文字流畅，具有较强的可读性和实践性，对于学生在劳动教育与实践中修德、启智、健体、育美，进一步优化专业知识与实践技能，培养劳动精神和创新创业能力有着重要的指导意义。

　　本教材配套的在线课程"劳动教育"已在智慧职教・MOOC学院上线，教师如需获取PPT等教学资源，可登录"高等教育出版社产品信息检索系统"（http://xuanshu.hep.com.cn/）免费下载。

　　本教材既可作为高职院校（专科层次、本科层次）和应用型本科院校劳动教育课程的配套教材，也可作为相关爱好者或研习人员的参考用书。

图书在版编目（CIP）数据

大学生劳动教育教程／何光明，张华敏，李明蔚主编. -- 北京：高等教育出版社，2025. 5. -- ISBN 978-7-04-062890-6

Ⅰ．G40-015

中国国家版本馆CIP数据核字第202493E556号

DAXUESHENG LAODONG JIAOYU JIAOCHENG

| 策划编辑 | 王蓓爽 | 责任编辑 | 王蓓爽 | 封面设计 | 李树龙 | 版式设计 | 徐艳妮 |
| 责任绘图 | 裴一丹 | 责任校对 | 马鑫蕊 | 责任印制 | 耿 轩 | | |

出版发行	高等教育出版社	网　址	http://www.hep.edu.cn
社　址	北京市西城区德外大街4号		http://www.hep.com.cn
邮政编码	100120	网上订购	http://www.hepmall.com.cn
印　刷	山东临沂新华印刷物流集团有限责任公司		http://www.hepmall.com
开　本	787mm×1092mm　1/16		http://www.hepmall.cn
印　张	13.75		
字　数	270千字	版　次	2025年5月第1版
购书热线	010-58581118	印　次	2025年5月第1次印刷
咨询电话	400-810-0598	定　价	35.00元

"智慧职教"服务指南

"智慧职教"（www.icve.com.cn）是由高等教育出版社建设和运营的职业教育数字教学资源共建共享平台和在线课程教学服务平台系统，与本教材配套课程相关的部分包括 MOOC 学院、职教云平台和 App 等。用户通过平台注册、登录即可使用该平台。

● 智慧职教·MOOC 学院"平台：为学习者提供本教材配套课程的学习服务。

登录"MOOC 学院"平台，在搜索框中搜索"劳动教育"，找到重庆电子科技职业大学建设的课程，点击"加入课程"即可学习课程资源。

●"智慧职教·职教云"平台：支持任课教师对本教材配套课程进行引用、修改，再发布为个性化课程（SPOC）。

1. 登录职教云平台，在首页单击"新增课程"按钮，根据提示设置要构建的个性化课程的基本信息。

2. 进入课程编辑页面设置教学班级后，在"教学管理"的"教学设计"中"导入"教材配套课程，可根据教学需要进行修改，再发布为个性化课程。

●"智慧职教 icve"App：支持任课教师和学生基于新构建的个性化课程开展线上线下混合式、智能化教与学。

1. 在应用市场搜索"智慧职教 icve"App，下载安装。

2. 登录 App，任课教师指导学生加入个性化课程，并利用 App 提供的各类功能，开展课前、课中、课后的教学互动，构建智慧课堂。

了解"智慧职教"使用帮助及常见问题解答请访问 help.icve.com.cn。

编委会

前言

习近平总书记在党的二十大报告中指出，要"在全社会弘扬劳动精神、奋斗精神、奉献精神、创造精神、勤俭节约精神，培育时代新风新貌"，同时强调要"坚持尊重劳动、尊重知识、尊重人才、尊重创造"。当前，我国正处于建设中国式现代化的重要阶段。千秋伟业，关键在人。中国式现代化需要坚实的人才支撑和智力支持，因此对高素质人才的培养提出了更新、更高的要求。弘扬劳模精神、传承工匠精神，建设知识型、技能型、创新型劳动者大军，推动中国制造的品质革命，进而推动新质生产力的快速发展，是当前高校的育人新使命。基于此背景，本教材在前期建设的《高职学生劳动教育教程》的基础上启动了修订工作。此次修订紧密围绕党的二十大精神，结合高等职业教育的特点，在编写理念、体例设计、内容更新、呈现方式等方面具有如下特色与创新。

编写理念突出价值引领性　本教材以习近平新时代中国特色社会主义思想为指导，根据中共中央、国务院发布的《关于全面加强新时代大中小学劳动教育的意见》和教育部发布的《大中小学劳动教育指导纲要（试行）》编写而成。全书贯彻落实立德树人根本任务，通过挖掘劳动模范、大国工匠、先进工作者的典型事例，引导学生树立正确的劳动观，使其深刻领会"劳动创造历史、劳动开创未来"的道理，涵养崇尚劳动、尊重劳动、尊重劳动者的情怀。

体例设计强调实践导向性　本教材从学生的认知习惯和学习能力出发，按照"思—学—践—悟"的教学方式设计全书体例，重视教学实效，促进知行合一。此次修订特增加"劳动实践活动"栏目，引导学生参与日常生活劳动、生产实习、"非遗"传承、创业实践等活动，有效发挥家庭、校园和社会的劳动育人功能，全方位、多视角地开拓学生参与劳动教育的实践形式，关注其劳动过程中的体验和感悟，旨在磨炼意志品质、培养劳动精神、激发创新能力。

内容更新注重教学适用性　本教材紧密结合教学实际，以学习目标为导向，对内容进行调整和重组，重在删减与学生劳动能力习得、劳动素养提升关联性不强的内容，如"劳动教育的要求"和"劳动评价"等；有机融入与学生生产、生活密切相关的新时代劳动教育内容，如"劳动精神培育"和"劳动安全和急救知识"等，旨在加强马克思主义劳动观和劳动安全教育，注重培养规范意识、质量意识和创新精神。

呈现方式体现开放多样性　为实现课堂教学与实践教学相统一、线下教学与线上教学相结合的教学模式，编写团队根据教材内容配套制作了在线精品课程，将课堂教学有效延伸至云端，旨在帮助学生进一步理解教学内容，实现教材与课程的广泛应用。

劳动教育包括扎实的理论知识及丰富的实践活动，引导学生理解、形成马克思主义劳动观，具备满足生存和发展所需的劳动能力，涵养劳动精神、劳模精神和工匠精神，立志投身于中国式现代化建设，这是本教材希望实现的目标。新时代的大学生要奏响青春旋律、放飞青春梦想、铸就生命辉煌，就必须借助劳动教育砥砺坚忍的意志、释放创造的潜能，将自己的人生梦和民族的复兴梦有机结合，以一往无前的精神面貌奋勇前进。

本教材由冉学农担任顾问，何光明、张华敏、李明蔚担任主编，范可佳、蒋斌担任副主编。本教材在修订过程中得到了众多读者的大力支持，参考、借鉴了中外学者的文献成果，在此一并致以诚挚的谢意！由于编者水平有限，书中难免有不足之处，恳请广大读者批评指正。

编　者

2024 年 8 月

目录

绪论

第一章

劳动教育概述

思想领航

　　中华民族是勤于劳动、勤于创造的民族。正是因为劳动创造，我们拥有了历史的辉煌；也正是因为劳动创造，我们拥有了今天的成就。

——习近平

案例导引 农夫的宝藏

有这样一则寓言故事：从前有一个农夫非常勤劳，可他有三个懒惰的儿子，为此，农夫感到非常忧愁。

随着时间的流逝，农夫的年纪越来越大。有一天，他感觉自己将要离开这个世界，于是就把三个儿子叫到床前，对他们说："亲爱的孩子们，我就要走了，我把家里所有的财宝都埋在了咱们家的田地里。等我走后，你们就把它挖出来吧。"不久后，农夫离开了人世。三个兄弟将农夫安葬好后，拿着锄头来到了田里。他们把整块田地翻了好几遍，但什么都没找到。播种的季节到了，三个兄弟只好在这片田里撒下种子。由于这片土地被三个兄弟翻了好几遍，所以特别松软，等收获的季节到来时，这片土地产出的粮食比往年翻了一倍。

三个兄弟见此非常高兴，于是留了一些粮食贮藏在粮仓里，剩下的拿到集市上售卖。看着卖粮食挣到的钱，三个兄弟终于明白了父亲的良苦用心，含着眼泪说："原来父亲所说的财宝，其实是靠辛勤劳动换来的果实啊！"

请结合资料，谈谈你是否认可劳动是宝贵的财富。

自 1949 年中华人民共和国成立以来，我国一直遵循马克思主义基本原理，强调要将教育同生产劳动相结合，将劳动教育作为实施素质教育的重要内容。在社会主义建设的各个历史阶段，我国政府对劳动教育做出了相应的改革与创新。

从强调将生产劳动同教育相结合，发展到将劳动教育作为素质教育的重要着力点，再发展到构建新时代劳动教育体系，我国劳动教育在不同的阶段有着不同的演进脉络，这些发展脉络体现出我国劳动教育实现了从从事体力劳动到培养学生综合素质的转变。现阶段，劳动教育的重点是培养学生的劳动情感、劳动态度、劳动技能和劳动观；实现从学校教育、生产实习到校企联动，再到家、校、社会三方合作的转变；实现从思想改造到素质教育与人的全面发展相结合的转变。在进入新时代之后，社会各方日益重视对当代学生的劳动体验、劳动素养和劳动观

微课视频
劳动教育的
发展历程

的培养，劳动教育焕发新的生机。2020 年 3 月 20 日中共中央、国务院印发《关于全面加强新时代大中小学劳动教育的意见》，提出将劳动教育纳入学生必修课程、将劳动素养纳入综合素质评价体系等若干重要举措，标志着我国劳动教育已经成为全面育人的基础和立德树人的关键一环。

一、我国劳动教育的初探阶段（1949—1957 年）

中华人民共和国成立初期，国内局势基本稳定，但是面临着经济萧条、教育滞后的局面，人民的生活水平较低，经济的萧条迫切需要大量的劳动者从事工农业生产，党和国家的主要目标是恢复国民经济和改革旧的教育制度。因此，这个时期开展生产劳动教育，为复苏经济提供合格的体力劳动者是教育的重要使命。

劳动教育是马克思倡导的将教育与生产劳动相结合的一种育人途径，它是培养学生劳动能力、提升劳动技巧的重要手段。马克思提出将教育与生产劳动相结合，其最初目的是在当时的资本主义背景下为儿童争取受教育的权利。马克思指出："对所有儿童实行公共的和免费的教育。取消现在这种形式的儿童的工厂劳动。把教育同物质生产结合起来。"当时国内生产力水平不够高，党和国家在结合老解放区的教育经验的同时，也吸收了苏联的教育思想、制度和发展模式，制定了劳动教育的相关条例，并规范了劳动教育的发展方向。

党和国家对劳动的重视促进了这一阶段劳动教育的快速发展。1949 年 9 月通过的《中国人民政治协商会议共同纲领》中第四十二条要求"提倡爱祖国、爱人民、爱劳动、爱科学、爱护公共财物为中华人民共和国全体国民的公德"，将劳动规定为公民需要遵守的基本公德。同年 12 月，教育部在北京召开第一次全国教育工作会议，提出了"坚持教育为工农服务、为生产建设服务"的方针。1954 年通过的《中华人民共和国宪法》明确指出："劳动是中华人民共和国一切有劳动能力的公民的光荣事情。国家鼓励公民在劳动中的积极性和创造性。"将劳动写入宪法。

1950 年至 1957 年，劳动教育被纳入全体公民的公德教育。1950 年，时任教育部副部长的钱俊瑞发表《当前教育建设的方针》（以下简称《方针》），《方针》指出要在教育工作中树立尊重劳动和热爱劳动的正确观点和习惯，提升人民大众从事劳动创造的热情和积极性。1951 年，钱俊瑞在第一次全国中等教育会议上再次提出，全面发展的教育要从国情出发，实行教育与生产建设密切结合的工艺教育。1953 年，我国全面贯彻"整顿巩固、重点发展、提高质量、稳步前进"的文教方针，教育工作初步纳入国家计划建设轨道。但由于部分学校的办学质量不高、对全面发展教育认识不足，存在忽视劳动教育的情况。1954 年 5 月，中共中央宣传部出台《关于高小和初中毕业生从事劳动生产的宣传提纲》，指明了体力劳动与脑力劳动的关系，提出体力劳动是脑力劳动的基础，教育青年一代养成积极劳动的美德。1955 年 5—6 月，全国文化教育工作会议提出要在中小学有步骤地实施基本的生产技术教育。1957 年，毛泽东同志提出要把培养全面发展的劳动者作为社会主义教育的根本目标。这一阶段的教育改革重点是加强劳动教育，让学生树立正确的劳动观，培养正确的劳动态度，正确地看待升学与劳动的关系。

这一阶段的劳动教育与社会主义经济发展紧密联系，劳动教育的重要性日益凸显。作为一种思想政治教育，劳动教育逐渐与道德教育相结合。在这一阶段，劳动教育内容丰富，主要由教师讲授，结合生产实践、工厂实习，以学习生产技术为主，以手工技术活动、社会服务活动为辅，而劳动课主要是在学校附近的农场进行劳作，目的是培养和锻炼学生的实践能力和意志力，这些活动起到了普及劳动知识和提升劳动技能的作用。受特定历史条件的影响，劳动教育的实施在这一阶段缺乏科学的方案，甚至出现教育制度的发展和经济发展不匹配的问题。此时开设劳动课程的主要目的是让不能升学的部分毕业生掌握一些农业生产常识，为以后参加生产劳动做好准备，并不是让所有的公民都具备应有的劳动技能。

二、我国劳动教育的初步发展阶段（1958—1965 年）

在这一阶段，我国的政治、经济、教育等各项社会事业都得到了较为全面的发展，人们开始探究体力劳动和脑力劳动的关系，对劳动的认识也进一步深化。1956 年以后，中苏关系出现了裂痕，国内的教育形式也发生了转变，国家对劳动教育的内容和实施方式进行了调整。

1958 年 9 月，中共中央、国务院出台了《关于教育工作的指示》（以下简称《指示》），首次提出劳动观的概念与内涵，明确将教育与生产劳动相结合作为党的教育方针的重要内容，指出："党的教育方针是教育为无产阶级的政治服务，教育与生产劳动相结合。"《指示》还明确规定："在一切学校中，必须把生产劳动列为正式课程。每个学生必须依照规定参加一定时间的劳动。"强调了学生实践能力的重要性，注重与农业、工业生产技术相结合，推行勤工俭学与半工半读的教育形式。《指示》颁布之后，教育与生产劳动相结合的方针指导着培养目标、教学形式与方法、课程设置等内容，自此劳动教育在我国推广开来。

在《指示》的指引下，各地开始有序地实施教育与生产劳动相结合的方针。但盲目追求经济快速发展的风气开始出现，这一风气导致劳动教育被错误地理解为参加生产劳动和工厂劳动，偏离了劳动教育的真正目的，极大地影响了课堂的教学秩序，教育质量也有所降低。后来，1961年9月颁布的《中华人民共和国教育部直属高等学校暂行工作条例（草案）》总结了经验教训，纠正了高校教育出现的问题，规定了高等学校必须以教学为主的原则，努力提高教学质量。

总的来说，在这一阶段，国家领导人高度重视劳动教育，这使得劳动教育得到一定发展，勤工俭学、半工半读等制度的实施使劳动教育呈现出形式多样化的特征，在注重生产劳动的实用性的同时也促进了生产知识和劳动技能的培养。但是由于错误思想的影响，劳动教育未能正确地把握马克思主义关于教育与生产劳动相结合的原则，部分地区甚至出现以劳动代替教学的情况，这使得劳动教育的发展有所偏离。

三、我国劳动教育的滞缓阶段（1966—1976年）

1966年至1976年，劳动教育几乎处于停滞状态。在此期间，虽然我国的教育方针和以前基本相同，但此时的劳动教育被异化为"为阶级斗争服务"，学校的课程设置、教学方法皆以生产劳动为主，教学地点不是在工厂，就是在农村。劳动的作用被盲目夸大，将教育与生产劳动简单地结合或者生硬地结合偏离了马克思主义主张的教育与生产劳动相结合的正确原理，也没有实现劳动教育的目的。

总的来说，我国劳动教育早期历经初探、发展和滞缓这三个阶段，属于社会主义道路探索初期尚未对劳动教育产生全面、客观认识的结果。但当时教育与生产劳动相结合的方针，为后续劳动教育的发展树立了正确的理念。

四、我国劳动教育的探索创新阶段（1978年—20世纪末）

1978年，党的十一届三中全会的召开拉开了中国改革开放的序幕，社会各个领域都发生了巨大的变化，国家对劳动教育进行重塑，使其走向探索创新的阶段。1978年，邓小平在全国教育工作会议上指出，"为了培养社会主义建设需要的合格的人才，我们必须认真研究在新的条件下，如何更好地贯彻教育与生产劳动相结合的方针"，这对劳动教育的开展提出了新的要求。1978年3月5日颁布的《中华人民共和国宪法》规定："教育必须为无产阶级政治服务，同生产劳动相结合，使受教育者在德育、智育、体育几方面都得到发展，成为有社会主义觉悟的有文化的劳动者。"这将劳动教育提升至与德育、智育、体育同等重要的位置，也体现出劳动教育不再是简单的体力劳动和生产劳动。

（一）20 世纪 80 年代劳动教育的发展

1981 年，《关于建国以来党的若干历史问题的决议》指出："要加强和改善思想政治工作，用马克思主义世界观和共产主义道德教育人民和青年，坚持德智体全面发展、又红又专、知识分子与工人农民相结合、脑力劳动与体力劳动相结合的教育方针。"这对脑力劳动和体力劳动的关系进行了阐释。然而当时教育事业的发展面临重重困难：一是社会处于快速转型的阶段，特别需要专业人才推动社会主义现代化建设，这就迫切要求全面提高劳动者素质；二是动荡的十年刚刚结束，学校原有的教学秩序尚未完全恢复，学生上学、就业等情况依然堪忧。为了提高劳动者素质，劳动教育开始改革。较以往而言，劳动教育更加注重劳动技术、劳动技能的培育。1985 年，《中共中央关于教育体制改革的决定》指出，社会主义现代化建设的宏伟任务就是大规模地准备新的、能够坚持社会主义方向的各级各类合格人才，并在工业、农业、商业等各行各业造就数以亿计的有文化、懂技术、业务熟练的劳动者。

总的来说，20 世纪 80 年代的劳动教育比之前有了明显的进步：其一是对劳动教育进行了重塑，并规范了课程内容与教学方法；其二是提出了"劳动光荣"的劳动教育理念；其三是依据中小学学生的身心发展规律，合理安排课程内容；其四是提出了培养学生劳动观的要求。

（二）20 世纪 90 年代劳动教育的发展

1990 年，《国家教委关于进一步加强中小学德育工作的几点意见》指出："劳动和社会实践教育既是德育的重要内容，又是德育的重要手段。各中小学校应根据不同年级学生的特点和教育需要，参照国家教委颁发的小学劳动课和中学劳动技术课教学大纲的要求，制订学生参加劳动和社会实践的方案，确定整体和分年级的目标、内容、时间、教育方法、考核办法、指导力量等，逐步使中小学生参加劳动和社会实践活动制度化、规范化。学生参加劳动和社会实践的时间应纳入教学计划，切实予以保证。"该文件对劳动教育进行了更为全面、详细的规定，既把劳动教育归入德育范畴，又规定了中小学劳动教育的目标、内容、时间和方法。1994 年发布的《中共中央关于进一步加强和改进学校德育工作的若干意见》和

1995 年颁布的《中国普通高等学校德育大纲》进一步规定了劳动教育的形式和途径。1995 年颁布的《中华人民共和国教育法》规定了政治任务不再是劳动教育的目标，即教育不再为无产阶级的政治服务，而是为社会主义现代化建设服务。

在 20 世纪 90 年代，我国开展关于素质教育的大讨论。1999 年 6 月，《中共中央国务院关于深化教育改革全面推进素质教育的决定》明确指出："教育与生产劳动相结合是培养全面发展人才的重要途径。各级各类学校要从实际出发，加强和改进对学生的生产劳动和实践教育，使其接触自然、了解社会，培养热爱劳动的习惯和艰苦奋斗的精神。"素质教育的提出不仅是教育改革的内在需要，更是时代发展与社会变革的外在要求。将教育与生产劳动相结合的思想融入素质教育，既是对劳动教育的肯定，也是素质教育提出的新要求，它促进了人才培养目标与方式的根本转变。

在这一阶段，劳动教育不再是以劳动代替教学、体力至上，而是在教育与生产劳动相结合的基础上形成了新的发展模式，这使得劳动教育的发展更加规范、有序。

五、我国劳动教育的改革阶段（2001—2011 年）

进入 21 世纪以后，我国进入改革开放和社会主义现代化建设新阶段。在这个阶段，国内经济、政治、文化和科学技术的快速发展推动着教育事业的转变，劳动教育的地位持续上升，成为素质教育的关键环节，并被赋予了鲜明的时代特征。我国教育事业在这个时期进行了规模宏大的课程改革，以解决 20 世纪 80 年代和 90 年代出现的一些问题。在这一阶段，我国出台实施的一系列关于教育的重大政策、举措都立足于教育改革的顶层设计，旨在培养德智体美劳全面发展的社会主义建设者和接班人。

2001 年 5 月，《国务院关于基础教育改革与发展的决定》指出："加强劳动教育，积极组织中小学生参加力所能及的社会公益劳动，培养学生热爱劳动、热爱劳动人民的情感，掌握一定的劳动技能。"该文件强调必须坚持教育与社会实践相结合，培养学生掌握一定的劳动技能。2002 年 11 月，江泽民在党的十六大会议上提出："全面贯彻党的教育方针，坚持教育为社会主义现代化建设服务，为人民服务，与生产劳动和社会实践相结合，培养德智体美全面发展的社会主义建设者和接班人。""必须尊重劳动、尊重知识、尊重人才、尊重创造，这要作为党和国家的一项重大方针在全社会认真贯彻。"2004 年，《关于进一步加强和改进大学生思想政治教育的意见》指出："积极探索和建立社会实践与专业学习相结合、与服务社会相结合、与勤工助学相结合、与择业就业相结合、与创新创业相结合的管理体制，增强社会实践活动的效果，培养大学生的劳动观念和职业道德。"2010年出台的《国家中长期教育改革和发展规划纲要（2010—2020年）》进一步强调坚持教育教学与社会实践相结合的理念，并对劳动教育的方针进行了更加深化的阐述，同时融入了教育改革的新思想。

总的来说，在这一阶段，劳动教育从理念进一步转变为具体行动主要表现在以下三点：其一是生产力的发展、思想文化的进步和时代的变革，使劳动教育的概念不再简单地等同于生产劳动，而是有更丰富的内涵；其二是劳动教育的内容渗透于其他课程中，大中小学都包含劳动课程，既重视中小学的劳动教育，也对大学生劳动教育提出新要求；其三是逐步还原了劳动教育的真实含义，让学生真正感受到劳动的价值、体会到劳动的乐趣，养成热爱劳动的优良品质。

六、劳动教育体系的全新构建阶段（2012年至今）

在习近平新时代中国特色社会主义思想的指引下，我国教育改革立足于"立德树人"这一根本任务，紧紧围绕"培养什么人、怎样培养人、为谁培养人"这一根本问题，坚持为党育人、为国育才，在促进人的全面发展和推进劳动教育的实施等方面提出了新理念和新观点。

2012年，党的十八大报告提出："营造劳动光荣、创造伟大的社会氛围，培育知荣辱、讲正气、作奉献、促和谐的良好风尚。"2013年，教育部党组发布了《关于在全国各级各类学校深入开展"爱学习、爱劳动、爱祖国"教育的意见》，该文件指出："在各级各类学校深入开展'三爱'教育，对于培育和践行社会主义核心价值观，深化中国梦宣传教育，帮助学生树立正确的世界观、人生观、价值观具有重要意义。"2015年，教育部等部门发布《关于加强中小学劳动教育的意见》，强调要"切实加强劳动教育，培养学生劳动兴趣、磨炼学生意志品质、激发学生的创造力、促进学生身心健康和全面发展"。

习近平总书记也在诸多场合多次强调劳动和劳动教育的重要意义，为劳动教育在新时代的发展指明了方向。2013年4月，习近平总书记在同全国劳动模范代表座谈时强调："必须牢固树立劳动最光荣、劳动最崇高、劳动最伟大、劳动最美丽的观念，让全体人民进一步焕发劳动热情、释放创造潜能，通过劳动创造更加美好的生活。"2014年6月，全国职业教育工作会议召开，习近平总书记就加快发展职业教育作出重要指示，提出要"弘扬劳动光荣、技能宝贵、创造伟大的时代风尚"。2015 年，习近平总书记在庆祝"五一"国际劳动节暨表彰全国劳动模范和先进工作者大会上强调，全社会要大力弘扬劳模精神、劳动精神，引导广大人民群众树立辛勤劳动、诚实劳动、创造性劳动的理念。2018 年 9 月，习近平总书记在全国教育大会上指出，"要在学生中弘扬劳动精神，教育引导学生崇尚劳动、尊重劳动，懂得劳动最光荣、劳动最崇高、劳动最伟大、劳动最美丽的道理，长大后能够辛勤劳动、诚实劳动、创造性劳动""要努力构建德智体美劳全面培养的教育体系，形成更高水平的人才培养体系"，这是对马克思主义劳动关系全面而深刻的阐释，意味着我国劳动教育的理念与实践升华到了一个全新的高度。

2020 年 3 月，中共中央、国务院发布《关于全面加强新时代大中小学劳动教育的意见》，该文件提出要"落实全国教育大会精神，坚持立德树人，坚持培育和践行社会主义核心价值观，把劳动教育纳入人才培养全过程，贯通大中小学各学段，贯穿家庭、学校、社会各方面，与德育、智育、体育、美育相融合，紧密结合经济社会发展变化和学生生活实际，积极探索具有中国特色的劳动教育模式，创新体制机制，注重教育实效，实现知行合一，促进学生形成正确的世界观、人生观、价值观"，这为全面构建新时代劳动教育体系奠定了理论基础。2020 年 7 月，教育部印发《大中小学劳动教育指导纲要（试行）》，该文件解决了劳动教育是什么、教什么、怎么教等问题，同时明确职业院校学生要"重点结合专业特点，增强职业荣誉感和责任感，提高职业劳动技能水平，培育积极向上的劳动精神和认真负责的劳动态度"，这为职业院校开展劳动教育提供了实践指导。2022 年 10 月，党的二十大报告指出，要"在全社会弘扬劳动精神、奋斗精神、奉献精神、创造精神、勤俭节约精神，培育时代新风新貌"，将弘扬劳动精神作为提高全社会文明程度的重要内容。

至此，新时代劳动教育体系得到全新构建。劳动教育将立德树人根本任务同全面育人的教育方针紧密结合，这既是加快推进教育现代化的重要载体，也是实现中华民族伟大复兴的中国梦的重要支撑。

大学生劳动教育的内涵及特征

　　田某是重庆某高校2010级汽车检测与维修技术专业的毕业生，现就职于重庆长安汽车股份有限公司欧尚汽车事业部，任汽车维修电工高级技师。他在工作中吃苦耐劳、严于律己，被中国兵器装备集团公司特聘为"青年技能拔尖人才"，曾荣获中国兵器装备集团公司第六届技能竞赛"汽车装配工决赛"第一名，获得由中华人民共和国人力资源和社会保障部授予的"全国技术能手"及重庆市"匠心筑梦·重庆大国工匠职教之星"荣誉称号。

　　田某从小就对汽车有着浓厚的兴趣，立志做一名汽车人。他在专业领域不断探索，决心终身为之奋斗。错综复杂的汽车构造是他施展才华的乐园，拆装一台汽车犹如庖丁解牛般驾轻就熟，每一个零件都是他听话的小精灵，每一个器械都是他乖巧的小伙伴，坚持、勤奋、热爱是他成功的法宝。

　　请结合自身情况，谈谈自己为热爱的事情付出了哪些努力。

　　通过梳理中华人民共和国成立至今我国劳动教育的发展脉络，我们可以看出：在不同的历史背景与不同的视域下，劳动教育的内涵及特征各不相同，其体现的教育理念、教育目标、教育方法也各不相同。如今，中国特色社会主义进入新时代，劳动教育的内涵更加深刻且丰富。全面构建体现时代要求的劳动教育体系，首先应把握新时代劳动教育的基本内涵和本质特征。

微课视频
劳动教育的
内涵及特征

一、大学生劳动教育的内涵

我国的劳动教育是在马克思主义劳动观的基础上发展起来的。马克思主义劳动观强调教育与生产劳动相结合。"从工厂制度中萌发出了未来教育的幼芽，未来教育对所有已满一定年龄的儿童来说，就是生产劳动同智育和体育相结合，它不仅是提高社会生产的一种方法，而且是造就全面发展的人的唯一方法。"因此，应该"对所有儿童实行公共的和免费的教育。取消现在这种形式的儿童的工厂劳动。把教育同物质生产结合起来"。马卡连柯对劳动与教育的关系有深刻的认识，他指出，"正确的苏维埃教育，如果不是劳动教育，那是完全不可想象的。劳动永远是人类生活的基础，是创造人类生活和文化幸福的基础"。苏霍姆林斯基认为，"劳动教育是对年轻一代参加社会生产的实际训练，同时也是德育、智育和美育的重要因素""学校教育的使命就在于，要使劳动进入个体的精神生活、进入集体的生活，要使热爱劳动早在少年时期和青年早期就成为一个人的最重要的品质之一"。

但是，也有部分人对劳动教育存在以下两种错误理解：一种是将劳动、劳动教育等同于某些具体的劳动技能的学习，忽略培育学生的劳动价值观，忽略引导学生热爱劳动、热爱劳动人民；另一种是将劳动的概念狭隘地等同于体力劳动，劳动教育也被等同于参与简单的体力劳动。这样，劳动教育就成为与脑力劳动、日常生活劳动相对立的概念而在心理上遭人拒斥。

那么，劳动教育是什么？《辞海》认为，劳动教育是对学生进行热爱劳动和劳动人民、珍惜劳动成果、树立正确的劳动态度、通过日常生活培养劳动习惯和技能的教育活动。《教育大辞典》中解释，劳动教育即劳动、生产、技术和劳动素养方面的教育，旨在培养学生正确的劳动观点、劳动态度、劳动习惯，使学生获得工农业生产的基本知识和技能。《中国大百科全书·教育》指出，劳动教育是德育的内容之一，目的在于使学生树立正确的劳动观点和劳动态度，热爱劳动和劳动人民，养成劳动习惯。在专家学者的论述中，徐长发认为劳动教育是使青少年学生获得正确劳动观念、劳动习惯、劳动情感、劳动精神，了解和懂得生产技术知识，掌握生活和劳动技能，在劳动创造中追求幸福感的育人活动；檀传宝认为劳动教育是以促进学生形成劳动价值观和养成良好劳动素养为目的的教育活动。

结合工具书及专家学者的论述，我们可以比较全面地把握劳动教育的内涵。本科层次职业教育从根本上说仍属于职业教育体系，要全面把握职业院校劳动教育的内涵，必须首先把握其特殊性。职业院校学生的学习是围绕着职业而展开的，从某种意义上说，职业教育是围绕职业劳动而展开的教育。因此，职业院校的劳动教育应根据职业教育的特殊性而有相应的变化。

我们认为，职业院校劳动教育的内涵是：职业院校为培养具有劳动知识、劳动素养、劳动精神的德智体美劳全面发展的社会主义建设者和接班人而开展的劳动思想观念、劳动知识、劳动技能及劳动实践等教育活动。

二、大学生劳动教育的特征

（一）价值引领性

高校劳动教育的本质是劳动价值观教育，因此高校劳动教育的根本属性是价值引领性。当前部分学生出现了不珍惜劳动成果、不想劳动、不会劳动的现象，劳动的独特育人价值在一定程度上被忽视，因此劳动教育的重点是要帮助学生树立正确的劳动价值观，引导学生形成正确的劳动价值和劳动态度、正确认识劳动在创造物质世界和丰富精神生活中发挥的重要作用、正确看待劳动分工，学会尊重劳动、尊重劳动者，认识劳动是一切社会财富的来源，相信劳动创造价值、劳动创造财富。以劳动教育唤起劳动意识，以劳动意识培养劳动习惯，以劳动习惯提高劳动能力，以劳动能力增强劳动素质。

（二）目标改造性

改造社会是马克思赋予"教育与生产劳动相结合"的最终目标之一。"劳动者素质对一个国家、一个民族的发展至关重要。劳动者的知识和才能积累越多，创造能力就越大。提高包括广大劳动者在内的全民族的文明素质，是民族发展的长远大计。"基于社会现状，人们期望通过劳动教育思考人类的存在、反思人性的养成。所以，劳动教育不仅包括劳动知识和技能的获得，而且更强调道德的习成。这种道德的习成受教育者的学习能力与劳动的道德性之间的相遇、相知和相互作用，它是一种影响和浸染，是固有道德在环境中的提升和在氛围中的再造。小行动改造大观念，当今社会劳动观念的缺失与道德信念的混乱都需要借助劳动教育进行重塑。要从人类发展的根源上进行厘清、纠偏、教育、改造，如此，人性才得以健全、鲜活，社会才得以有序、健康的运行，这也是人得以全面发展的基础。德育、智育、体育及美育的培养，也要以劳动教育为基础。具体而言，劳动精神、劳动素养的培养是德育的重要内容；劳动知识、劳动技能和创造性劳动有利于增智；在钻研和奉献中进行劳动锻炼，践行工匠精神，也有利于促进身体美（体育）、情操美（美育）的发展。可以说，劳动教育有利于树德、增智、强体、育美，是全面育人的重要基础，是德、智、体、美各项教育的有力支撑，体现了育人与育才的统一。

（三）社会实践性

劳动教育具有较强的社会实践性。一方面，职业教育是与劳动密切相关的类型教育，其培养目标本身就包含工作或劳动技能的培养。职业本科教育培养的是联结研发环节与生产环节的高层次技术技能人才，这其中既包括实体经济中生产物质资料的技术技能人才，也包括服务业中提供生产性服务和生活性服务的技能人才。因此，职业本科教育的劳动教育要与生产实践和专业发展紧密结合。另一方面，职业本科院校的劳动教育应关注社会的发展变化，关注劳动形态的发展变化。当代社会出现了许多复合、崭新的劳动形态，特别是存在于信息产业、文化产业等领域的新兴劳动形态正不断涌现，日益改变着劳动形态的旧格局。因此，职业本科院校的劳动教育要做到与时俱进，更具时代性和实践性。

第三节　大学生劳动教育的重要意义

案例导引　　　　　　　　　"割麦书记"树起实干"好示范"

在内蒙古巴彦淖尔国家农高区万亩硬质小麦示范园区的开镰仪式上，一位区委书记与村民同台竞技，参与手工割麦的比赛，他挥镰割麦，动作相当娴熟，丝毫不亚于旁边的村民。网友对此评论道："这干活的手法确实很地道，特别是捆麦子打结，不是一天两天就能熟练的。"据了解，这位区委书记叫赵峻岭，网友们亲切地称呼他为"割麦书记"，他凭借"割麦老手"的娴熟手法、以身作则的亲民行动、真抓实干的务实举措、与群众同甘共苦的为民情怀，树起了勤劳、担当、实干的"好示范"。

劳动的经验是最难伪装的，下乡劳动，重在务实。"割麦书记"的形象之所以能立得住，关键在于他的形象"长在了农田里"。赵峻岭在割麦子时显露出的"内行"和"老到"，无声地彰显了他丰富的劳作经验，这也是他能经受住一众网友的目光考验的主要原因。

赵峻岭多年参与农村劳动，他深知要做好区委书记，必须从劳动着手，真抓实干。动手实践、出力流汗的劳动教育不仅能让人获得劳动技能、养成劳动习惯，更能磨炼意志品质、培养责任担当、促进人的全面发展。在劳动中，人们能更好地实现人生价值，进而形成正确的世界观、人生观、价值观，一生受益。

请结合资料，谈谈"割麦书记"为何受人尊敬。

2018年，习近平总书记在全国教育大会上强调，"培养德智体美劳全面发展的社会主义建设者和接班人""要在学生中弘扬劳动精神，教育引导学生崇尚劳动、尊重劳动，懂得劳动最光荣、劳动最崇高、劳动最伟大、劳动最美丽的道理，长大后能够辛勤劳动、诚实劳动、创造性劳动"，为社会主义教育事业"培养什么

微课视频
劳动教育的
重要意义

人、怎样培养人、为谁培养人"指明了方向。长期以来，各地区和学校坚持教育与生产劳动相结合，在实践育人方面取得了一定成效。但同时，"劳"是最容易被忽视的一环。近年来，部分学生出现不珍惜劳动成果、不想劳动、不会劳动的现象，劳动的育人价值在一定程度上被忽视，劳动教育被淡化、弱化。学生在成长过程中的"纸上谈劳"源于劳动教育的缺位和异化。因此，大力倡导劳动精神、广泛开展劳动教育，为高校教育不忘育人之初心、坚持立德树人之根本、深入推进教育教学改革提供了重要抓手。重新认识劳动教育的重要意义，引导广大青年学生热爱劳动、崇尚劳动、尊重劳动，在劳动中提高能力和素质，成为担当民族复兴大任的时代新人是高校教育的重要使命。

一、劳动教育对于高校的意义

（一）立德树人，体现社会主义教育性质

劳动教育是党和国家教育方针的重要组成部分，具有鲜明的政治意义、文化意义和社会意义。高校劳动教育旨在培养学生正确的劳动观念、积极的劳动精神、基本的劳动能力和优良的劳动品质，这既是坚持社会主义办学方向、建设中国特色教育事业的根本要求，也是社会主义教育性质的重要体现。中华人民共和国成立不久，劳动教育就已成为我国重要的教育方针，它与德育、智育、体育、美育相结合，旨在培养有社会主义觉悟和有文化的劳动者。党的十八大以来，习近平总书记多次提及劳动在促进人的成长和社会发展、创造美好生活等方面的独特作用，提出崇尚劳动、尊重普通劳动者的社会性要求，要求学生"爱祖国、爱学习、爱劳动"。在 2018 年的全国教育大会上，习近平总书记更是站在实现中华民族伟大复兴的战略高度，将劳动教育纳入培养社会主义建设者和接班人的总体要求之中，纳入爱祖国、爱人民、爱劳动、爱科学、爱社会主义的范畴。教育部部长怀进鹏提出要全面深化素质教育，将劳动教育纳入人才培养全过程，这样的育人导向对新时代高职学生形成知行合一的人生观有着重要意义。

（二）全面育人，提升人才培养质量

党的二十大报告指出："深入实施人才强国战略……坚持尊重劳动、尊重知识、尊重人才、尊重创造。"这不仅阐明了劳动育人的重要属性，更为职业教育高质量发展指明了方向，即为社会培养大批高素质技术技能人才。劳动是培养人、

塑造人的重要途径，甚至是最主要、最根本的手段。苏霍姆林斯基倡导劳动教育要贯穿、渗透于一切学校教育之中。在教育体系中，学生只有通过劳动，才能充分发挥个人的能力和智力。"劳动是一种极为复杂的现象，它可以揭示人的思想、情感、智力、美感、心理状态、创造精神，揭示教育和自我教育的意义。人生育人，而劳动则把人造就成真正的人。"职业本科院校是培养高层次技术技能人才的重要阵地，是青年学生走向社会职业岗位的一道训练关卡。因此，在实施劳动教育时，既要注重劳动知识的传授和劳动技能的训练，更要强化学生在劳动价值观、劳动情感态度、劳动伦理责任、劳动权益意识等方面的劳动素养培育。

（三）提质增效，促进职业教育高质量发展

2019年，《国务院关于印发国家职业教育改革实施方案的通知》强调，要深化办学体制改革和育人机制改革，以促进就业和适应产业发展需求为导向，鼓励和支持社会各界特别是企业积极支持职业教育，着力培养高素质劳动者和技术技能人才。高质量发展是职业教育发展的本质要求，也是以全体师生身心健康发展为教育基础和教育效益的全面发展。劳动教育是职业教育人才培养的重要内容。在新时期，职业院校劳动教育的育人目标是涵养人的劳动观念、丰富人的劳动知识、增强人的劳动能力、提高人的劳动素养，并据此进一步思考和完善职业教育的类型价值追求，重塑职业教育治理体系，实现职业教育的高质量发展。职业院校劳动教育最为突出的特点是"围绕具体岗位，完成工作任务"，路径是教育与生产劳动和社会实践相结合。对接工作岗位的真实需求，不仅能激发学生的成长"内力"，还能触及职业院校的发展"内核"。在此基础上，职业本科院校培养的高层次技能人才能够更好地服务区域经济和社会发展，满足人民群众对高质量职业教育的期待。

二、劳动教育对于大学生的意义

（一）有助于强化大学生的劳动观念、端正劳动态度

家庭是劳动教育的重要场所，但随着生活水平的不断提升，部分家长过分溺爱孩子，导致孩子很少从事家务劳动，缺乏劳动意识和独立生活能力。劳动教育有助于强化学生的劳动观念、端正其劳动态度，使其摒弃好逸恶劳的错误观念，遇到困难时能够迎难而上、坚强面对。

同时，认为劳动人民生活在社会底层的错误认知也让部分学生产生"劳动可

耻"的错误观念，进而轻视劳动、看不起体力劳动者，也不珍惜劳动成果。但是，如果没有从事体力劳动的劳动人民，第一、第二产业将无法进行，我们的吃、穿、住、用、行都无法得到保障，社会主义现代化建设也无法实现。因此，我们的社会离不开体力劳动者，任何形式的劳动都是光荣的。劳动教育可以让学生意识到奢侈、浪费等现象是不可取的，通过辛勤劳动、诚实劳动、创造性劳动来引导学生实现自我、服务社会，逐步培养其爱劳动和爱劳动人民的优良品质。

（二）有助于提高大学生的劳动积极性、培育劳动技能

部分学生缺乏劳动积极性，劳动技能比较欠缺，在学习时"不想学、不勤学"，缺课及迟到早退现象严重，在生活中无法独立，缺乏最基本的自理能力，这与当代大学生的历史使命是格格不入的。让学生接受劳动教育，引导其进一步认识到体力劳动是辛苦的，学习和掌握科学知识的脑力劳动也是艰苦的。正如爱迪生所说："世间没有一种具有真正价值的东西是可以不经过艰苦辛勤劳动而能够得到的。"只有在具体实践中，通过体力劳动与脑力劳动的共同作用，才能将抽象的理论知识转变为劳动技能，从而不断创新。

高校劳动教育要努力构建独特的、严密的、专业的知识和技能结构，引导学生掌握基础的劳动知识，遵循科学的劳动流程和劳动规范，正确认识和使用劳动工具，练习和掌握劳动技能，并尝试技术改革创新，最终成为具有高素质、高能力、高水平的技能人才。

（三）有助于增强大学生的法律意识、维护劳动权益

学习劳动教育中关于法律常识的内容，有助于增强学生的劳动法律意识，引导其维护合法的劳动权益。劳动法律教育主要包括劳动合同法的适用范围，劳动合同订立的基本规定，劳动合同的履行、变更、解除与终止，劳动争议的处理等。

大学生在毕业之后，无论是择业还是自主创业都要与人签订劳动合同。首先，明确劳动合同法的适用范围，有利于学生在与用人单位签订劳动合同时了解不同性质的劳动合同之间的区别与联系，以及实习、兼职时所要关注的问题。其次，从宏观上了解劳动合同，有助于知晓劳动合同的签订流程，明确劳动合同中应该包含的各项条款，了解签订劳动合同的甲乙双方的权利与义务。再次，通过学习劳动法律法规，学生能更好地运用法律武器应对无偿加班、克扣工资、岗位歧视等不合理现象，维护自身的合法权益。同时，学习劳动合同的履行、变更、解除与终止等知识能够使学生知晓劳动合同自签订之日起就具有法律效力，任何

人不得擅自变更劳动合同的内容，必须双方自愿；当遭遇企业单方面解除劳动关系时，劳动者有权收到企业给予的补偿。最后，学习劳动争议的处理，能够使学生了解争取自身权益的途径及其程序，避免自身的合法权益受到损害。

（四）有助于培养大学生良好的劳动习惯、提高劳动素质

苏霍姆林斯基在其博士论文《培养全面发展的个性诸问题》中介绍了劳动对人的个性的全面发展的重要意义，他认为经常性的劳动能激发学生的创造能力，体现学生的个性诉求。他指出："只有在贯穿着一种创造性的意图、其目的在于达到社会目的的经常性劳动中，才能为个性的劳动生活和精神生活的统一创造条件。"对大学生进行劳动教育，让劳动成为学生的日常习惯，其意义主要表现在以下两点：第一，劳动教育能够促进学生脑力和体力的协同发展。有些家长不愿意让孩子参加劳动，其目的是让孩子花更多的时间在学习上。殊不知，劳动不仅能够使学生劳逸结合、放松疲惫的大脑，而且能够协调左右手，进而促进左右脑的开发和思维的拓展。学生通过劳动还能够增强体魄，促进身心健康。第二，劳动教育有利于培养学生良好的道德品质。对大学生进行劳动教育有利于他们在劳动实践中养成热爱劳动、艰苦朴素、甘于奉献的良好品质，成为德智体美劳全面发展的高素质技术技能人才。

劳动教育有助于促进学生养成良好的劳动习惯、提高劳动素质。在高校中广泛地开展劳动教育，帮助学生了解劳动知识，引导学生经常地、自觉地参加各类劳动，有助于提高其适应社会的能力，进而实现劳动素质的全面提升。

（五）有助于激发大学生的创新意识、增强实践能力

习近平总书记强调要培养创新型人才，这既是发展新质生产力的时代要求，也是对马克思强调的发挥劳动者主体性和能动性的当代阐释。无论是科技创新还是劳动创新，归根结底都要靠人，特别是依靠具有创新能力的劳动者来实现。习近平总书记指出，"面对日趋激烈的国际竞争，一个国家的发展能否抢占先机、赢得主动，越来越取决于国民素质特别是广大劳动者素质""广大知识分子要增强创新意识，要坚持面向经济社会发展主战场、面向人民群众新需求，让创新成果更多更快地造福社会、造福人民"。让"创新创造"成为劳动者的自身追求，就必须要把握好和实现好广大劳动者的根本利益，激发劳动者的创造潜能，充分调动劳动者的生产积极性和创新创造积极性。只有加快对创新型人才的培养，才能实现创新劳动，实现经济的转型升级，进而促进新质生产力的发展和社会的可持续健康

发展。

劳动教育有助于激发学生的创新意识，增强其实践能力。无论哪种劳动形式，都是新事物产生的起点。在高校开展劳动教育，增强大学生的实践创新能力，鼓励他们在实践中创造性地解决问题，有助于培养学生的创新意识，这也是"劳动就是创造，创造必须劳动"的真实写照。

（六）有助于端正大学生的就业态度、提升创业能力

2022 年，国务院办公厅印发的《关于进一步做好高校毕业生等青年就业创业工作的通知》指出，支持高校毕业生自主创业、发挥专业所长灵活就业，并按规定给予相关补贴。党的二十大报告指出，要"坚持创新在我国现代化建设全局中的核心地位……培育创新文化，弘扬科学家精神，涵养优良学风，营造创新氛围"。这些政策文件及报告精神充分证明了国家对当代大学生就业及创新创业活动的重视。在这样一个知识创新、科技创新、管理创新、服务创新的时代，加强劳动教育，使学生树立正确的择业观，在一定程度上有利于就业、创业活动的顺利开展。

随着国家经济的发展和社会的不断进步及高等教育的大众化、普及化，大学生就业难的现象越来越突出。究其原因，一定程度上是由于部分学生的劳动观和就业观有失偏颇。当前学校开设的"职业生涯规划""就业指导""职业形象设计"等课程，可引导大学生对定位过高、自卑、盲从、攀比等错误心态进行积极的自我调适。然而，要从根本上改变部分学生在就业过程中表现出来的重利益、重实惠、轻实干、轻精神的功利主义、实用主义和个人主义倾向，则必须加强劳动教育，引导其树立正确的劳动观念，端正就业态度，培养"敬业、精益、专注、创新"的职业精神，提升创业能力，使其各就其位、各尽其才、各展其能，积极地适应新时代各行各业的人才需求。

💬 讨论交流

1. 在当今的时代背景下，科技自立自强是国家强盛之基、安全之要，请据此谈谈劳动与科技创新的关系。

2. 如果没有劳动，世界将会变成什么样？

一、活动目标

了解身边榜样的真实经历，从劳动感受、劳动的意义等角度出发进行采访，挖掘其闪光点，加深对"劳动创造人、劳动创造美好生活"的理解，增强尊重劳动、尊重普通劳动者的意识，树立劳动最光荣、劳动最崇高、劳动最伟大、劳动最美丽的思想观念。

二、活动准备

记事本、签字笔、手机（可供录音、拍摄）等。

三、活动内容

全班分为5、6个采访小组，组内成员合理分工，可以将本校的优秀同学或教师作为采访对象，结合本章内容设计3、4个问题。活动结束后，各组撰写采访报告，讨论劳动的意义和价值。

四、注意事项

（1）提前准备好采访提纲、设备，约定好采访的时间、地点。

（2）各采访组的成员要合理分工，体现团队合作意识。

（3）保存活动资料，并形成系列报道。

五、活动体会

采访结束后，填写并提交"实践活动表"。通过整理采访记录，提炼出劳动榜样身上的典型特点，在班级内分享交流。

实践活动表

活动名称	我身边的劳动榜样
小组成员	
活动目标	
采访对象	
采访对象事迹介绍	
采访提纲	
活动体会	

实践训练卡

第二章

树立正确劳动观

思想领航

　　必须牢固树立劳动最光荣、劳动最崇高、劳动最伟大、劳动最美丽的观念，让全体人民进一步焕发劳动热情、释放创造潜能，通过劳动创造更加美好的生活。

——习近平

新时代的劳动教育观

"干就干一流，争就争第一。"这是"金牌工人"许振超的座右铭。

1974年，只有两年初中文化的许振超来到青岛港成为一名码头工人。那时，港口装卸作业方式很落后，体力劳动繁重、工作环境艰苦。"当时我经常思考：难道码头工人就不能摆脱这种出大力、流大汗的命运吗？"许振超回忆说。

慢慢地，青岛港进口了一批现代化机械设备。但由于工人们不了解使用和维护技术，设备经常出现故障。"缺少知识误人误事，唯有知识才能改变命运。"此后，许振超刻苦自学桥吊核心电路等知识，其中不少是英文资料。

1984年，青岛港组建集装箱公司，许振超因为肯钻研、技术好，很早就被挑选为桥吊司机。经过苦练，他成功练就了"一钩准"的绝活，带出了"王啸飞燕"等一大批具有社会影响的"绝活"品牌。

2003年4月27日夜，许振超带领桥吊队的工友们，仅用6小时15分钟就完成了"地中海法米娅"轮3 400个标准箱的装卸，创造了每小时单机效率70.3自然箱和单船效率339自然箱的世界纪录。此后五年，许振超带领桥吊队先后七次打破集装箱装卸的世界纪录，使"振超效率"享誉全球。

练绝活之余，许振超还在岗位上勇于创新。他在冷藏集装箱上加装了节电器，全年节约电费600万元。此外，他还领衔组织实施轮胎吊"油改电"等技术改造，填补了国际空白，年节约资金2 000万元以上，噪音和尾气污染接近于零。

许振超的日记中有这样两句话："悟性在脚下，路由自己找。""要自己教育自己。"如今的许振超，经常在青岛港为他设立的"许振超大师工作室"里，和新一代码头工人围绕自动化集装箱码头技术开展以高效服务为目标的创新。他说："我们不要'差不多'！要干就尽力追求完美，争取世界领先！"

许振超在为企业、为社会、为国家创造价值的同时也实现了自身的价值。请结合材料，谈谈许振超成功的原因有哪些。

劳动是人类社会生存和发展的基础，是人维持自我生存和自我发展的唯一手段。马克思、恩格斯分别从历史唯物主义、政治经济学和教育学原理三个维度对劳动价值观进行过重要的理论阐释。其中，历史唯物主义强调劳动创造世界、劳动创造历史和劳动创造人本身；政治经济学强调劳动是创造价值的唯一源泉，按劳分配是实现社会正义的重要原则；教育学原理则强调劳动是实现人的全面发展的重要途径，教育与生产劳动相结合是社会主义教育的根本原则。劳动价值观决定了劳动教育观，社会主义劳动教育的核心目标是促进学习者形成正确的劳动观。

微课视频
劳动教育观

2018年9月10日，习近平总书记在全国教育大会上号召："要在学生中弘扬劳动精神，教育引导学生崇尚劳动、尊重劳动，懂得劳动最光荣、劳动最崇高、劳动最伟大、劳动最美丽的道理，长大后能够辛勤劳动、诚实劳动、创造性劳动。"习近平总书记多次强调要在全社会大力弘扬劳模精神、劳动精神，党的二十大报告也明确提出要"在全社会弘扬劳动精神、奋斗精神、奉献精神、创造精神、勤俭节约精神，培育时代新风新貌"，这既是对马克思主义劳动观的重要发展，也是新时代对劳动教育的最新要求。

劳动教育能够连通教育世界、生活世界和职业世界，劳动教育能够使学生获得正确的劳动观念、劳动习惯、劳动情感和劳动精神，了解和懂得生产技术知识，掌握生活和劳动技能，在劳动创造中追求自己的幸福生活。新时代劳动教育的重要使命就是让学生牢固确立"劳动最光荣、劳动最崇高、劳动最伟大、劳动最美丽"的劳动价值观，旗帜鲜明地反对一切不劳而获、贪图享乐、崇尚暴富的错误思想，让中华民族奋斗、奉献、创造、勤俭的劳动精神在一代代的青少年身上发扬光大。

从宣传倡导"人世间的一切幸福都需要靠辛勤的劳动来创造"到提出"爱劳动""以劳动托起中国梦"；从宣传倡导弘扬劳动精神、劳模精神、工匠精神到提出"社会主义是干出来的，新时代是干出来的""实干才能梦想成真"等新的劳动价值理念；从对少年儿童成长的关注到对广大青年、知识分子、劳动模范的关心关怀；从基础教育、高等教育到更高水平人才的培养；从德智体美全面发展到德智体美劳全面培养，进而形成一个要素充实完整的人才培养体系。这一过程是马克思主义劳动观在新时代的新解读，体现了习近平总书记以"人民对美好生活的向往，就是我们的奋斗目标"为核心的人民立场、政治信念和劳动情怀，它丰富了马克思主义的劳动思想，开辟了马克思主义劳动价值观、劳动教育观的新境界。

　　劳动的概念和劳动的形态是随着时代变迁而变化的，新时代的劳动教育必须与新时代的经济社会发展相适应。2020 年 3 月 20 日，中共中央、国务院发布的《关于全面加强新时代大中小学劳动教育的意见》（以下简称《意见》）强调，新时代的劳动教育要"体现时代特征"，要"适应科技发展和产业变革，针对劳动新形态，注重新兴技术支撑和社会服务新变化"。其中，"体现时代特征"这一新要求充分彰显了新时代劳动教育与时俱进的特点。基于新时代人类社会劳动形态的深刻变化，《意见》丰富和完善了劳动教育的内容，强调加强日常生活劳动、生产劳动和服务性劳动教育，而不再是像过去一样单纯地强调"学农学工"的生产性劳动教育，这极大丰富了劳动教育的内容和载体，为新时代劳动教育的全面实施提供了广阔的空间，形成了新时代的劳动教育观。

一、尊重劳动

　　人类是劳动创造的，社会是劳动创造的。劳动没有高低贵贱之分，任何一份职业都很光荣，社会就像一个既庞大又复杂的机器，每一个劳动者都在这部机器中发挥着不可替代的作用，使这个机器不停地运转。我国的广大农民，除少部分成为农业工人外，仍承担着十分艰辛的体力劳动，他们的劳动成果解决了十四亿人的吃饭问题。在一定意义上，农民是我们的衣食父母，难道我们不应该尊重他们的劳动吗？自古以来，中国人民就非常懂得怜悯和尊重农民的劳动成果，有一首脍炙人口的诗为证："锄禾日当午，汗滴禾下土。谁知盘中餐，粒粒皆辛苦。"时代发展到今天，我们更应该尊重农民、尊重他们的劳动。社会的运转离不开农民，同样也离不开工人。若没有产业工人制造天上飞行的飞机、水里航行的轮船、公路上行驶的汽车，以及日常生活所需的日用品，很难想象我们今天如何生活。倘若没有筑路工人披星戴月、风餐露宿，逢山开路、遇水搭桥；倘若没有环卫工人不怕脏、不怕苦、不怕累，以他们的汗水换来城市的干净整洁，很难想象我们的生活会是什么样子。包括农民和工人在内的各行各业的劳动者，都在用自己的劳动为社会做出巨大的贡献。因此，全社会都要尊重劳动、尊重劳动者，以辛勤劳动为荣、以好逸恶劳为耻，任何人在任何时候都不应该贪图不劳而获的生活（图 2-1-1）。

图 2-1-1   尊重劳动   致敬劳动者

二、崇尚劳动

"劳动光荣是永恒的主题，不劳而获是可耻的。劳动是人类的本质活动，劳动光荣、创造伟大是对人类文明进步规律的重要诠释。"习近平总书记铿锵有力地说，"全面建成小康社会，进而建成富强民主文明和谐的社会主义现代化国家，根本上靠劳动、靠劳动者创造"。我们一定要在全社会大力弘扬劳动精神、劳模精神、工匠精神，引导广大人民群众树立辛勤劳动、诚实劳动、创造性劳动的理念，让劳动光荣、创造伟大成为铿锵的时代强音。

现如今，社会提供了更优越的发展条件和更广阔的发展机遇，只要有志气有闯劲，普通劳动者也可以在宽广的舞台上展示自己的人生价值。广大劳动者无论从事什么职业，都应勤于学习、善于实践、踏实劳动，在工作上兢兢业业、精益求精，努力在平凡的岗位上做出不平凡的业绩。今天，我们全社会大力弘扬劳动精神，提倡通过诚实劳动来实现人生梦想、改变自己的命运，反对一切不劳而获、投机取巧、贪图享乐的思想。对劳动模范、大国工匠的高规格表彰活动充分体现了以习近平同志为核心的党中央对工人阶级和劳动人民的尊重和关心，体现了对先进工作者的肯定和关怀，这极大地弘扬了劳模和工匠的伟大品格，进一步激励和鼓舞了全国各族人民以先进模范人物为榜样，有利于在全社会形成崇尚劳动的社会风气。

在全社会大力弘扬劳动光荣、知识崇高、人才宝贵、创造伟大的时代新风，可以促使全体社会成员弘扬劳动精神，推动全社会热爱劳动、投身劳动、爱岗敬业，为全面建设社会主义现代化国家贡献智慧和力量。劳动模范、大国工匠、先进工作者和先进人物不仅要做好自己的工作，而且要身体力行地向全社会传播劳动精神和劳动观念，让勤奋做事、勤勉做人、勤劳致富在全社会蔚然成风，教育引导广大青年牢固树立热爱劳动的思想、养成热爱劳动的习惯，为祖国发展培养一代又一代勤于劳动、善于劳动、崇尚劳动的高素质劳动者。

当年，时传祥、王进喜、向秀丽、张秉贵等劳模激励了一个时代。今天，"90后"技工"先锋"裴先峰、"小砌匠"邹彬、"80后"产业工人秦世俊、"最美中国路姐"王华等新一代劳模正在崇尚劳动的道路上大步前行。

三、辛勤劳动

劳动创造璀璨的物质文明与精神文明，劳动更创造了人类自身。中国自古有"一勤天下无难事"的说法，无论是古人的"晨兴理荒秽，带月荷锄归"，还是今天热火朝天的数字时代与科技创新，都是诚实劳动的真实写照。劳动不仅造就了中华民族的辉煌历史，还必将创造中华民族的光明未来。2020年11月，习近平总书记在全国劳动模范和先进工作者表彰大会上的讲话强调，"新形势下，我国工人阶级和广大劳动群众要继续学先进赶先进，自觉践行社会主义核心价值观，用劳动模范和先进工作者的崇高精神和高尚品格鞭策自己，焕发劳动热情，厚植工匠文化，恪守职业道德，将辛勤劳动、诚实劳动、创造性劳动作为自觉行为"。

"民生在勤，勤则不匮。"中华民族是勤于劳动、善于创造的民族。正是因为劳动创造，我们拥有了辉煌的历史；也正是因为劳动创造，我们拥有了今天的成就。幸福不是毛毛雨，幸福不是免费午餐，幸福不会从天而降。人世间的一切成就、一切幸福都源于劳动和创造。

劳动开创未来，奋斗成就梦想。幸福人生、美好生活靠劳动创造。梦想属于每一个人，广大劳动者要敢想敢干、敢于追梦。说到底，实现中华民族伟大复兴的中国梦，要靠各行各业人们的辛勤劳动（图2-1-2）。

劳动是一切成功的必经之路。当前，全国各族人民正满怀信心地为实现"两个一百年"的目标而奋斗努力，而要想实现确立的目标，归根到底还是要靠辛勤劳动。

图2-1-2　建筑工人促进城镇化建设

四、诚实劳动

劳动是财富的源泉，也是幸福的源泉。人世间的美好梦想，只有通过诚实劳动才能实现；发展中的各种难题，只有通过诚实劳动才能破解；生命里的一切辉煌，只有通过诚实劳动才能铸就。社会主义是干出来的，新时代也是干出来的。美好的生活靠劳动创造，所以应在全社会提倡通过诚实劳动来实现人生梦想、改变自己的命运，反对一切不劳而获、投机取巧、贪图享乐的思想。

当下，尽管每一个个体出彩的方式和内容不同，但只有那些通过诚实、勤勉和创造性劳动来实现的梦想，才能最终汇聚成国家和民族的大梦想，即共同的"中国梦"。无论社会如何发展，无论市场环境如何变化，无论业态竞争如何激烈，"流自己的汗，吃自己的饭"，这个诚实劳动的基本价值观都不会改变，这是个人获得稳定收入和幸福生活的可靠基石。

广大劳动者要立足本职岗位诚实劳动，无论从事什么劳动，都要干一行、爱一行、钻一行、精一行。在工厂车间，就要弘扬"工匠精神"，精心打磨每一个零部件，生产优质的产品；在田间地头，就要精心耕作，努力获得丰收；在商场店铺，就要笑迎天下客，童叟无欺，提供优质的服务。只要踏实劳动、勤勉劳动，每个人都能在平凡的岗位上做出不平凡的业绩。

五、创造性劳动

如今，要培养一个合格的劳动者，除了让其形成良好的劳动习惯，关键还要引导其进行创造性劳动。劳动教育的目的并不仅仅在于让学生"苦其心志""劳其筋骨"，更要使其在劳动中获得启发、学会创新。当前，社会发展的速度越来越快，劳动的形式、运用的工具也在快速迭代（图2-1-3）。以农业生产为例，现代化农业早已不需要"面朝黄土背朝天"，劳动工具的更新使得劳动效率越来越高；工厂里越来越多的机器人代替了人类，一些危险性高的工作已完全不需要人来操作。但是，这并没有改变劳动的价值，

图2-1-3　工业机器人在工厂作业

而是需要当代劳动者从事更多的脑力劳动和创造性劳动。因此，无论是劳动课程教学，还是劳动实践，都应着眼于未来社会的发展需要，鼓励学生通过自己的奇思妙想、发明创造来提高工作效率、降低工作强度。

案例导引

航空手艺人——胡双钱

中国商飞上海飞机制造有限公司数控机加车间钳工组组长、钳工高级技师胡双钱从小就喜欢飞机，1980 年，他进入当时的上海飞机制造厂，亲身参与并见证了中国人在民用航空领域的第一次尝试——运 10 飞机研制和首飞，那一刻他强烈地感受到"造飞机是一件很神圣的事"。在工作的数十年里，他加工过数十万个飞机零件，没有出现过一个次品，充分体现了一个"手艺人"的价值。

胡双钱表示，他至今仍然能感受到儿时对飞机的那种憧憬和初心，即使已到退休年龄，但依然感觉有使不完的劲儿。让中国人自主研制的大型客机在蓝天上自由翱翔，这是几代航空人的梦，也是他这个普通工人的梦。

请结合资料，谈谈胡双钱为什么被称为"航空手艺人"，这体现了什么精神。

微课视频
爱岗敬业与
职业理想

爱岗敬业不仅是大学生应追寻的价值追求，还是时代精神的生动体现。2016年 4 月 26 日，习近平总书记在知识分子、劳动模范、青年代表座谈会上的讲话中强调，"爱岗敬业、争创一流，艰苦奋斗、勇于创新，淡泊名利、甘于奉献"的劳模精神是我们极为宝贵的精神财富。在今天，爱岗敬业更是大学生职业发展必不可少的核心要素。因此，如何将爱岗敬业与职业理想相结合是每个大学生面临的重要命题，让我们带着这一问题进入本节内容的学习。

一、爱岗敬业的内涵与要求

爱岗敬业是爱岗与敬业的总称。爱岗和敬业互为前提，相辅相成。爱岗就是热爱自己的工作岗位，热爱本职工作；敬业就是要用一种恭敬严肃的态度对待自己的工作。具体来说，爱岗敬业包括四个方面的要求。

（一）热爱工作，敬重职业

工作岗位是人生旅途的支撑点，是实现人生价值的重要舞台，它不仅是我们生存的基础，更是我们生活意义的体现。因此，热爱工作本身也是对生命的尊重。但在日常工作中，有些人总是抱怨工作的辛苦乏味、枯燥单一，还有些人不懂得珍惜自己的工作，甚至把工作当成负担。当产生这些想法时，是否已经背离了最初的职业追求？因此，热爱工作不仅体现在对工作内容充满兴趣，更重要的是能够尊重自己的职业。当你从内心热爱并尊重自己的工作的时候，你的职业将不再是一份工作，它将是助力你实现人生价值的加油站。

（二）安心工作，任劳任怨

近年来，职场人第一份工作的平均在职时间呈现出随代际显著递减的趋势。调研数据显示，"70后"的第一份工作平均超过4年才更换，"80后"则是3年半，而"90后"骤减到19个月，"95后"平均在职仅7个月就选择辞职。针对这一现象，网友总结了一系列有趣的问答："60后"问"什么是离职"；"70后"问"为什么要离职"；"80后"答"收入不高我就离职"；"90后"答"领导批评我，我就离职"；"95后"答"感觉不爽我就离职"。

在当下，安心工作、任劳任怨似乎成了"愚昧""无意义"的代名词。但事实上真的是这样吗？职业发展并非直线上升，职业生涯的成功也没有一条统一适用的路径。无论第一份工作的具体内容是什么，最重要的是在就业初期养成良好的职业习惯和工作心态，并能保持良好的学习态度，开阔视野，积累知识、技能和人脉资源，只有真正地安心工作、任劳任怨，才能学到真本事，为日后职业生涯更好更快地发展打下坚实的基础。

（三）认真工作，一丝不苟

认真做事才能把事情做对，用心做事才能把事情做好（图2-2-1）。对待工作同样如此，只有在工作中严肃认真、一丝不苟，才能保证工作的质量和效益。天下大事，必作于细。精准思维是一种科学系统的思维方法和务实有效的工作方法。正如郑志明、成卫东、田得梅等

图2-2-1　认真工作

大国工匠，正是他们对工作的耐心细致、精益求精，才让手中的产品绽放出璀璨的光彩。在工作中，始终要秉持着一丝不苟的态度，于细微处见精神，在细节中显水平。专业专注，精益求精，不断强化专业知识的学习，全面提高自己的业务能力，这便是普通劳动者快速成长的内生动力，也是在平凡的工作岗位上造就不平凡业绩的根本保障。

（四）忠于职守，勤勉尽责

忠于职守，就是谨慎认真地做好本职工作，严守自己的岗位；勤勉尽责就是要勤奋工作，尽到责任。周成王东伐淮夷，回到王都丰邑，和群臣一起总结周王朝成就伟业的经验时，告诫群臣"功崇惟志，业广惟勤"。意思是说，取得伟大的功绩，在于志向远大；完成伟大的事业，在于工作勤奋。这一道理在今天仍然适用，无论是国家要实现振兴，还是个人要成就事业，都必须具备两个条件：一是忠诚，二是勤勉。忠诚是前提，勤勉是保障。忠诚履职、勤勉敬业、担当奋进，是当代青年勇立时代潮头、争做时代先锋的行动指南。只有内诚于心、外信于人、勤奋踏实，一步一个脚印向前走，才能成就一番事业。

二、职业理想的内涵与特征

理想是人们在实践中形成的、有实现可能性的、对未来的希望和憧憬，是人们的世界观、人生观和价值观在奋斗目标上的集中体现。理想是多方面和多类型的，根据不同的标准，理想可分为个人理想和社会理想，近期理想和远期理想，生活理想、职业理想、道德理想和政治理想等。其中，职业理想是人们依据社会要求和个人条件，在职业生涯中借想象而确立的奋斗目标，即个人渴望达到的职业境界。职业理想是人们对职业活动和职业成就的超前反映，与人的世界观、人生观和价值观密切相关。它是人们实现个人生活理想、道德理想和社会理想的重要方式，并受社会理想的制约。概括来说，职业理想有以下四个方面的特征。

（一）社会性

马克思曾指出："人的本质在其现实性上是一切社会关系的总和。"从这一观点出发，可以得出："人的根本属性是社会性。"为了生存和发展，人们不断从事物质资料的生产活动，进而形成各种各样的关系。其中，生产关系是最为重要的。也就是说，人的生产活动是社会性的活动，从事生产的人也就必然是处在一定社会关系中的人。同理，大学生作为社会生产关系中的一员，在确立个人的职业理想时，首先应该考虑社会的需求，社会的需求决定了某段时间内的主流就业方向。在确立职业发展方向的过程中，只有适应社会的需求，才能在实践中更好地实现职业理想，进而实现人生价值。

（二）时代性

职业理想具有时代性，会因生产力发展水平的不同、社会实践的深度与广度的不同而有所变化。社会的发展、分工及职业的变化是影响大学生树立职业理想的重要因素。社会环境不同，职业目标也会不同，因为职业理想总是一定的生产方式及其所形成的职业地位、职业声望在一个人头脑中的反映。例如，计算机的诞生催生了算法工程师、程序员等职业。因此，大学生在确立职业理想的过程中，应以时代的发展特征为基础，结合个人的实际情况，树立积极向上的职业理想。

（三）发展性

物质是在不断运动变化发展的，大学生的职业理想也会因时因地因事的不同而产生变化。随着年龄的增长、社会阅历的增强、知识水平的提高，职业理想会由朦胧变得清晰、由幻想变得理智、由波动变得稳定，这是一个不断向前发展的过程。因此，大学生的职业理想也具有一定的发展性。例如，有人在孩提时代想当一名教师，长大后却成为一名医生，这就是发展性的体现。

（四）差异性

职业是多样性的。一个人选择什么样的职业，与他的思想品德、知识结构、能力水平、兴趣爱好、人生阅历等密切相关。政治思想觉悟、道德修养水平及人生观决定着一个人的职业发展方向。知识结构、能力水平决定着一个人的职业发展上限。个人的兴趣爱好、气质性格等非智力因素，以及性别特征、身体状况等生理特征也影响着一个人的职业选择。大学生在人生观、世界观、价值观不断形成、完善的过程中，也会因为自身阅历的不断丰富而树立不同于他人的职业理想。因此，职业理想具有一定的个体差异性。

第三节　职业操守与职业规划

▦ 案例导引　　　　　　　　　　从门外汉到国家队教练

　　某高校智能制造与汽车学院教师杨宪福，自30岁进入汽车维修领域以来，20年间维修车辆超过3万台，至今已获得"重庆市技术能手""全国交通技术能手""国务院特殊津贴""五一劳动奖章"等荣誉。

　　1989年从山西长治机电工业学校机械制造专业毕业后，杨宪福进入涪陵柴油机厂工作。在任职车间技术员期间，他参加了电子科技大学的自学考试，1993年顺利从电子技术专业毕业。然而，1999年年初，由于企业改制，杨宪福成为下岗职工。下岗后，杨宪福选择了另一条职业道路——汽修机电技师。其实，他刚开始学修车时完全是个门外汉，连车都不会开，工资只有300元。当时已经30岁的他，面对全新的行业，一切都得从零开始：汽油车、柴油车、发动机、手动变速器、自动变速器、化油器、ABS及车身稳定系统……这些生硬的专业词汇构成了杨宪福职业生涯的新开始。为了不落后，他每天回家都会详细地做笔记，一旦有空，他就把笔记拿出来重温，巩固理论知识。日积月累，杨宪福记录了10多本工作笔记，维修水平也有了明显提升，从门外汉成长为技术能手。

　　在杨宪福的汽修生涯中，他先后为多个知名汽车品牌做过汽车售后服务工作，经他检测、维修过的车辆约有3.35万台。宝剑锋从磨砺出，梅花香自苦寒来，杨宪福最终成为"汽修领域的完美医生"，进而被聘为世界技能大赛中国国家队的教练。

　　请结合资料，谈谈杨宪福为什么能够从一个门外汉成为国家队教练。

一、职业操守

　　职业操守是指劳动者在从事职业活动中必须遵从的道德底线和行业规范，是同劳动者的职业活动紧密联系的、符合职业特点和要求的道德准则、道德情操与道德品质的总和，它既是劳动者在职业活动中的行为要求，又是劳动者所肩负的道德责任与义务。

微课视频
职业操守与
职业规划

职业操守是规范劳动者职业行为的原则性要求，良好的职业操守会使劳动者受到社会的尊重和欢迎。概括来说，良好的职业操守主要包含以下几个方面。

（一）诚实守信

诚实就是真心诚意、实事求是，不虚假、不欺诈；守信就是遵守承诺，讲究信用，注重人品和信誉。诚实守信是个人品德修养和高尚人格的重要体现，也是市场经济的法则，是劳动者的无形资产。诚实守信是为人之本、从业之要，既是职业操守的基础所在，也是关键所在。良好的职业操守是事业发展的重要基石，可以不断增强劳动者的信誉。

诚实守信的具体要求包括以下三个方面。

1. 忠诚于所属企业

劳动者首先应该对企业忠诚，做好本职工作是对企业忠诚的基本表现。在履职的过程中，劳动者要诚实劳动，确保工作质量，同时遵守规章制度和劳动合同，将个人的发展与企业的发展紧密结合在一起。

2. 维护企业信誉

信誉是企业的生命，作为企业的成员，劳动者要牢固树立质量意识，不断提升服务质量，保证产品质量，切实维护个人声誉和企业信誉。

3. 保守企业秘密

职业操守要求劳动者维护所属企业的信息及资产安全。劳动者作为企业中的内部成员，会提前知晓所属企业尚未公开的信息。职业操守要求劳动者保守商业秘密，不能做出有损于企业利益的行为。

（二）爱岗敬业

爱岗就是热爱工作岗位，热爱本职工作；敬业就是用恭敬严肃的态度对待自己的工作。爱岗敬业是对劳动者最基本、最普遍的要求。宋代思想家朱熹说过："专心致志，以事其业。"

具体到实际工作，首先，要求劳动者自信自立，面对艰苦的工作、面对特殊的挑战，坚信自己一定能够破解难题、获得成功。其次，要求劳动者积极、主动，从忠于职守到主动探索，不断地思考、改进工作方法，不断地获取工作的乐趣，进而取得事业的成功。最后，要求劳动者注重团结合作，与团队成员相互协作，不断增强企业的凝聚力和竞争力，不断提升自身价值。

总之，爱岗敬业所体现的职业责任感和敬业精神，会帮助劳动者取得事业上的成功。

（三）遵章守纪

遵章守纪是指劳动者在职业活动中必须遵守行为规则，包括国家的法律法规、社会的道德规范和企业的规章制度。在职业活动中，企业的规章制度和工作纪律是前提和保障，而劳动者在这个前提下开展具体工作。

遵章守纪是团队高效、有序运转的必要条件。就劳动者个人而言，遵章守纪体现了其对团队的充分认同，以及个人利益服从集体利益的可贵品质。个人遵守纪律才能更好地实现工作目标，团队遵守纪律才能有更好的发展。只有严格执行工作标准，规范工作行为，遵守规章制度和工作纪律，照章办事，做到令行禁止，才能杜绝工作中的隐患，保证工作质量，提高工作效率。

（四）文明服务

文明服务是在遵章守纪的基础上创造整洁、安全、舒适且有序的工作环境，以及为顾客提供优质、高效的服务。

文明服务、保证质量是以人为本在职业活动中的基本要求，也事关企业的声誉、经济效益及未来发展。因此在职业活动中，每个劳动者都应该做到仪容自然大方、仪态端庄文雅；衣着整洁、得体，岗位标志佩戴规范；举止稳健，言行有礼，态度谦和，精神饱满。在与他人交往时，以礼相待，与人为善，亲切诚恳；发生矛盾时，换位思考，互相体谅；参加活动时，守时守约，待人礼貌热情。优质文明的服务不仅会为企业带来巨大的经济效益和社会效益，也会为自己的职业发展带来更多的机会。

（五）钻研业务

钻研业务就是要求劳动者不断增强自己的学习能力，努力提升工作所需的专业技能，更好地服务于岗位工作。有句话是这样说的："生活是没有旁观者的，无论你想要什么，都需要自己主动争取。"劳动者要想在职业上获得成功，必须要积极主动地提升自己，学习相关的专业技能，想方设法地把工作做好。换言之，劳动者要想有所发展，关键在于自己要具备主动学习和自我提升的主观意愿及钻研业务的实际行动（图 2-3-1）。

对于劳动者而言，要钻研业务，提升业务水平，需要注意以下三点：一是要重视企业给予的培训机会，这是劳动者增长见识、掌握技能的最好途径，有助于帮助劳动者提升职业素养和竞争力；二是要重视培养自身的学习能力，读书、听课、讨论、研究等都是提升学习能力的重要途径；三是要重视技能训练，在工作实践中锻炼和提升专业技能。

图 2-3-1　钻研业务

（六）创新工作

创新是指人们为了发展的需要，运用已知的信息，不断突破常规，发展或产生某种新颖的、独特的、有社会价值或个人价值的新事物、新思想的活动。创新是一个民族进步的灵魂，也是一个企业发展的动力。在人才竞争日益激烈的今天，劳动者要想脱颖而出，必胜的法宝就是创新。创新的过程就是探索的过程。如果想要企业重视自己，那就要让自己保持不断学习和努力创新的意识，并在实践中创造性地开展工作。

要创新性地开展工作，需要注意以下四个方面：一是要加强学习。创新要以继承为前提，创新不是无根之木、无源之水，丰富的知识是创新的基础。因此要养成读书的习惯，努力学习新知识，不断提升自我。二是要培养百折不挠的精神。创新意味着前所未有，可能会遭遇失败，因此要不怕困难和挫折，坚定自信心，锻炼坚强的意志。三是要培养创新思维。更新观念是推动创新的先导，培养创新思维是提高创新能力的重要途径。四是要勇于实践。实践出真知，创新源于实践，最终作用于实践。因此，只有积极实践，不断总结经验教训，才能提高自身的创新能力。

形成良好的职业操守，加强职业道德修养，这对于每个劳动者来说都是十分重要且必要的。这就要求劳动者积极地进行自我锻造和自我提升，使自己形成高尚的职业品质，达到较高的思想境界。

二、职业规划

每个人都需要规划职业生涯，完全没有规划的职业生涯注定难以成功。在当代社会，规划决定命运，有什么样的规划就有什么样的人生。人的生命有限，越早规划，就能越早成功。

什么是职业规划？职业规划也叫"职业生涯规划"，就是根据劳动者的职业理想，制定相应的教育、工作和培训行动计划，对每一阶段的时间、目标和措施做出合理的安排。根据中国职业规划师协会的定义，职业规划是对职业生涯乃至人生进行持续系统的计划，包括职业定位、目标设定和通道设计三个要素。

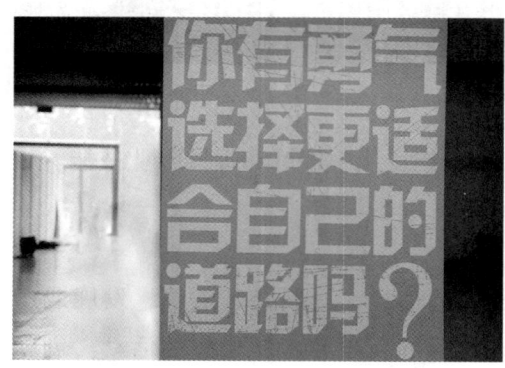

图 2-3-2 职业选择

在规划职业生涯之前，要进行积极的自我探索。合理的职业生涯规划基于对自己的了解程度。劳动者对自己了解得越多越深入，就越有可能做出适合自己的职业选择，也就越有可能获得事业上的成功（图 2-3-2）。

第一，探索职业兴趣。职业兴趣是一个人探索某种职业或者从事某种职业时所表现出来的特殊的个性倾向，它使个体对某种职业给予优先的注意，并具有向往的意愿。个体对某种职业感兴趣，就会对相关工作表现出肯定的态度，并积极思考，乐于探索和追求。劳动者要想在职业上获得长远的发展，就必须要明确自己的职业兴趣。美国心理学家霍兰德提出的类型论，成为职业生涯理论中的经典。霍兰德将职业归为六种类型（即艺术型、社会型、现实型、研究型、企业型、常规型），并且认为人也可以相应地归为这六种类型。个体可以根据自己的特定类型，找到适合自己的职业，达到人职匹配的最佳状态。霍兰德根据这六种类型开发了职业兴趣量表，以帮助个体明确自己的职业兴趣。

第二，探索职业能力。能力是顺利完成某种活动所必须具备的一种本领。任何职业都要求劳动者掌握一定的技能或具备一定的条件，这就是职业能力的要求。职业能力可以分为一般能力和特殊能力，一般能力是指完成各种活动都必须具备的基本能力，包括注意力、观察力、记忆力、思维力和想象力，这是人认识世界、获得知识的基础，这五种能力统称为智力，需要均衡发展，避免一般能力结构的失衡；特殊能力是指从事某一特定职业所必须具备的特殊或较强的能力，如装配工人要有较强的手眼协调能力和空间定向能力等，教师要有较强的表达能力和文字处理能力等。如果缺乏与所从事的职业相适应的特殊能力，劳动者就难以胜任相关工作。职业能力与职业选择的关系十分密切，可以说职业能力决定职业选择，职业选择验证职业能力。劳动者在选择职业时，首先要明确自己的哪些能力特别突出、哪些能力还有不足，并以此选择与自己能力相适应的职业，这样有利于扬长避短，充分发挥自己的潜能。同时还应注意，职业能力特别是特殊能力是可以在具体实践中逐渐培养和不断提升的，因此劳动者可以发挥自己的能动性和积极性，在工作中培养和发展职业能力，从而适应职业的需要。

在进行职业规划时，要确定职业生涯目标。职业生涯目标是劳动者职业理想的具体化。它既代表个体的理想追求，也代表个体的行动方向。职业生涯目标包括短期目标、中期目标和长期目标。劳动者在确定职业生涯目标时，首先要根据个人的性格、兴趣、专业、能力特点、价值观和社会环境来确定自己的长期目标，然后对长期目标进行细化，根据个人的经历和当下所处的环境制定相应的中期目标和短期目标。对于大多数人而言，整个职业生涯长达 30～40 年。长期规划主要设定长远的目标，一般是 5～10 年的规划；中期规划一般设定 2～5 年的目标与任务；短期规划一般设定 2 年以内的近期目标与任务。

确定职业生涯目标要遵循 SMART 原则。S 即具体化（Specific），目标要尽量具体，而不是抽象模糊的；M 即可测量（Measurable），是指制定的目标可以用量化的方式进行衡量；A 即可达成（Attainable），适宜的、贴合实际的目标才具有真正的引导意义；R 即相关性（Relevant），是指设定目标时要把握好自己的职业发展方向，短期目标、中期目标的设定要与长期目标相关；T 即时限性（Time-bound），是指要为目标的达成设置时间限制，这样才能有完成目标的压力和动力。

值得一提的是，职业目标并非一成不变，在实现目标的过程中应当保持一定的灵活性。因为在实践过程中，我们面对的情况会发生变化，生活中可能会出现一些突发事件，因此需要根据实际情况对职业目标进行调整。

除了积极探索自我和确定生涯目标，劳动者还要了解外部环境和职业世界，经济形势、就业政策、现实职业种类、行业发展趋势及市场对人才的需求等因素都会影响劳动者的职业选择和职业规划。因此，劳动者要设立科学的职业规划目标，充分认识职业世界，在分析市场需求的基础上，有针对性地学习知识、培养技能，以促进职业发展。

案例导引

1835 年秋天，卡尔·马克思写了这篇名为《青年在选择职业时的考虑》的文章，发表了一些见解，表达了为人类服务的崇高理想。当时，马克思和他的同学即将毕业，面临着升学和就业的问题，大家都在考虑自己的前途。有的人希望成为诗人、科学家或哲学家，献身文艺和学术事业；有的人打算成为教士或牧师，憧憬未来的幸福；有的人则美慕资产阶级的豪华生活，把舒适享乐作为自己的理想。马克思与其他同学的想法不同，他没有选择某种具体职业，而是把这个问题上升到对社会的认识和对生活的态度上加以考虑和回答。

《青年在选择职业时的考虑》

卡尔·马克思

我们的使命绝不是求得一个最足以炫耀的职业，因为它不是那种使我们长期从事而始终不会感到厌倦、始终不会松动、始终不会情绪低落的职业，相反，我们很快就会觉得，我们的愿望没有得到满足，我们的理想没有实现，我们就将怨天尤人。

但是，不只是虚荣心能够引起对这种或那种职业突然的热情。也许，我们自己也会用幻想把这种职业美化，把它美化成人生所能提供的至高无上的东西。我们没有仔细分析它，没有衡量它的全部分量，即它让我们承担的重大责任。我们只是从远处观察它，然而从远处观察是靠不住的。

……

如果我们通过冷静的研究，认清所选择的职业的全部分量，了解它的困难以后，我们仍然对它充满热情，我们仍然爱它，觉得自己适合它，那时我们就应该选择它，那时我们既不会受热情的欺骗，也不会仓促从事。

但是，我们并不总是能够选择我们自认为适合的职业。我们在社会上的关系，在我们有能力对它们起决定性影响以前，就已经在某种程度上开始确立了。

我们的体质常常威胁我们，可是任何人也不敢蔑视它的存在。

诚然，我们能够超越体质的限制，但这么一来，我们也就垮得更快。在这种情况下，我们就是冒险把大厦建筑在松软的废墟上，我们的一生也就变成一场精神原则和肉体原则之间的不幸的斗争。但是，一个不能克服自身相互斗争因素的人，又怎能抗拒生活的猛烈冲击，怎能安静地从事活动呢？然而，只有从安静中才能产生伟大壮丽的事业，安静是唯一生长出成熟果实的土壤。

尽管我们由于体质不适合我们的职业，不能持久地工作，而且工作起来也很少有乐趣。但是，为了恪尽职守而牺牲自己幸福的思想激励着我们不顾体弱去努力工作。如果我们选择了力不能胜任的职业，那么我们决不能把它做好，我们很快就会自愧无能，并对自己说，我们是无用的人，是不能完成自己使命的社会成员。由此产生的必然结果就是妄自菲薄。

……

如果我们把这一切都考虑过了，如果我们生活的条件容许我们选择任何一种职业，那么我们就可以选择一种能使我们最有尊严的职业，选择一种建立在我们深信其正确的思想上的职业，选择一种能给我们提供广阔场所来为人类进行活动、接近共同目标（对于这个目标来说，一切职业只不过是手段）即完美境地的职业。

尊严就是最能使人高尚起来、使他的活动和他的一切努力具有崇高品质的东西，就是使他无可非议、受到众人钦佩并高出于众人之上的东西。

但是，能给人以尊严的只有这样的职业，在从事这种职业时我们不是作为奴隶般的工具，而是在自己的领域内独立地进行创造。这种职业不需要有不体面的行动（哪怕只是表面上不体面的行动），甚至最优秀的人物也会怀着崇高的自豪感去从事它。最合乎这些要求的职业，并不一定是最高贵的职业，但总是最可取的职业。

……

在选择职业时，我们应该遵循的主要指针是人类的幸福和我们自身的完美。不应认为，这两种利益是敌对的、互相冲突的、一种利益必须消灭另一种的。人类的天性本来就是这样的：人们只有为同时代人的完美、为他们的幸福而工作，才能使自己也达到完美。

如果一个人只为自己劳动，他也许能够成为著名的学者、大哲人、卓越诗人，然而他永远不能成为完美无瑕的伟大人物。

……

如果我们选择了最能为人类幸福而劳动的职业，那么，重担就不能把我们压倒，因为这是为人类而献身。那时，我们所感到的就不是可怜的、有限的、自私的乐趣，我们的幸福将属于千百万人，我们的事业将默默地，但它将永恒地存在，并发挥作用。而面对我们的骨灰，高尚的人们将洒下热泪。

请结合资料，谈谈马克思选择职业的依据是什么，你对未来职业有怎样的规划。

一、职业信念与职业奋斗的内涵

📱微课视频
职业信念与
职业奋斗

信念是人们对认为是事实或者必将成为事实的事物的判断、观点或看法，是指人们坚信自己所干的事、所追求的目的是正确的，在任何情况下都毫不动摇地为之奋斗、执着追求的意向动机。信念是一种强大的内在力量，它可以激励人们按照自己认为正确的观点、原则去行动、去实现目标。当然，并不是每一个人都能形成正确的信念，因为它是在深入理解自然界和社会现象，构成知识系统并通过实践加以证实的基础上发生的一种高级的精神力量。

职业信念，是指在职业生涯中，个体认为可以确信并愿意作为自身行动指南的认识或看法，我们常说的"事业心"就是"职业信念"。职业认识经常变化，但职业信念一旦形成则很难改变。无论选择什么样的职业，在进入新行业后就算遇到再多再大的困难和挫折，都要坚定信念走下去。职业信念在个人职业生涯发展中有着重要作用，拥有坚定的信念是身心成熟的标志。职场变化很快，机会很多，陷阱也无处不在，一个人只要拥有了坚定不移的职业信念，就拥有了百折不挠的精神根基，就可以从容应对工作中的失败和坎坷。

奋斗，是指为了达到目的而做的努力。职业奋斗是劳动者在职业生涯过程中形成的优良传统和作风，也是每个劳动者应有的工作状态。在思想开放、理念更新、生活方式多样化的时代，坚持奋斗的劳动本色，意味着保持一种工作准则、一种工作作风、一种精神状态，乃至追求一种人类共同的价值取向。只有让"艰苦奋斗之风"真正成为时代的潮流和恒久不变的社会风气，劳动者才能永葆青春活力。所以我们要从根本上提升自身的职业修养，深刻认识到职业奋斗的时代意义和价值内涵。

二、职业信念与职业奋斗的特征

（一）现实性

职业信念与职业奋斗是劳动者在长期的职业实践中逐步形成的，其中积淀了个体多年的工作经验，体现了职业环境对个体的长期影响。职业信念与职业奋斗一旦形成，是不会轻易改变的。一旦某个思想观念成为一个人的职业信念，除了经过理智上的反复认识和深刻认同，还有感情上的强烈支持。信念与人格密切相关，信念的稳定是人格可靠的表现。一个随意改变自己信念的人，是没有原则的、不可信赖的人。当然，职业信念与职业奋斗的稳定性不是绝对的，职业信念与职业奋斗作为一种精神现象是对现实的反映，它必然会随着客观实际的变化而有所改变。职业信念与职业奋斗的改变并不可怕，只要职业信念与职业奋斗能不断调整和完善、与时俱进，它就能从现实中获得更多的支持，从而更有活力。职业信念与职业奋斗正是在变化的现实考验中变得更加完善、更加坚强的。僵化不变、脱离现实的职业信念往往是脆弱的，它经不起现实的冲击。因此，坚定职业信念与职业奋斗的过程必然是一个与现实相结合、与实践相结合的过程。

（二）执着性

执着性不只是指职业信念与职业奋斗的稳定性，更多的是指具有坚定职业信念与职业奋斗的人的精神状态和行为状态的稳定性。我们不能脱离拥有信念的人来考察信念的特点。当一个人拥有坚定的信念时，他会全身心地投入信念所要求的事业中去。精神上高度集中，工作时对自己追求的事业全神贯注，态度上对自己的事业充满高涨的热情，而且坚定不移、矢志不渝，这是对待事业和生活应有的态度。只有全力以赴地为事业而奋斗的人才能获得成功。当然，信念的执着并不意味着盲目地排外，也不意味着信仰的狂热和失去理智，我们应该在拥有执着信念的同时保持比较广泛的社会联系，倾听现实的声音，锻炼自己判断是非的能力。职业信念的执着是人们对人生真谛、对社会事业的执着，而不是对个人名利的执着。事实上，当一个人执着于自己的人生信念和个人理想时，就会超脱名利，成为心胸宽阔、精神自由的人。

（三）层次性

不同的人由于成长环境和性格等方面的不同会形成不同的职业信念，即使是同一个人，也会在不同方面形成不同的信念，如在政治、经济、科学、道德、审美、事业、学业、生活等方面，都可能会形成不同的信念。面对职业信念与职业奋斗方向的多样性、层次性，我们要认识到这是正常现象，不强求完全一致。另外我们也要看到，在相同的社会环境中，人们的信念有相同之处，从而形成共同的信念。而且同一个人的不同信念之间往往也有内在联系，从而形成完整的体系。如果一个人的职业信念与职业奋斗相互矛盾，不能形成一个和谐的整体，那么他在行动时就会进退失据、无所适从。事实上，每个人拥有的职业信念与职业奋斗方向是不同的，有的处于最高层，有的处于中间层，还有的处于底层，它们各安其位，形成有序的系统。其中，高层次的职业信念与职业奋斗决定着低层次的职业信念与职业奋斗，低层次的职业信念与职业奋斗服从于高层次的职业信念与职业奋斗。

三、职业信念与职业奋斗的作用

从世界观、价值追求及政治修养等高度来审视职业信念与职业奋斗的作用，既是新形势下面对新条件、迎接新挑战、解决新难题的需要，也是端正劳动态度、树立劳动意识的必然要求。职业信念与职业奋斗的意义和作用至少可以体现在以下三个方面。

（一）塑造社会主义劳动者的需要

劳动不仅创造了人类，也是人类的本质特征和存在方式，并推动着历史向前发展，劳动中形成的职业信念与奋斗精神是社会主义劳动者的职业素养内核。中华人民共和国成立后，在中国共产党的领导下，广大人民群众依靠辛勤劳动，使中国从一个贫穷落后的国家转变为世界第二大经济体。习近平总书记指出，"全面建成小康社会，进而建成富强民主文明和谐的社会主义现代化国家，根本上靠劳动、靠劳动者创造"。可以说，尊重劳动、倡导劳动、热爱劳动是社会主义社会先进性的显著标志，勤奋劳动、诚实劳动、创造性劳动是社会主义国家中的劳动者的鲜明特征。在实现中华民族伟大复兴的中国梦、满足新时代人民对美好生活的向往、做强实体经济的今天，高度重视劳动教育，培育劳动者的职业信念与奋斗精神，具有更加迫切的现实意义和历史意义。

（二）引导劳动者追求幸福生活的需要

职业信念与职业奋斗可以引导劳动者追求积极向上的生活。对于同一份工作，积极的人看到的是希望，消极的人看到的是迷茫；面对同样的困难，积极的人想的是怎么克服，消极的人想的是怎么逃避。我们面对的环境只有一个，态度却会有两种：积极和消极。推开同一扇窗户，有的人看见的是天上的繁星，有的人却看到地上的烂泥。同理，如果以积极的职业信念和奋斗精神对待工作，工作就会回报我们积极的成果。劳动者应在工作中锤炼高尚品格、培育劳动情怀，激发学习热情和创新精神，继承艰苦奋斗、勤俭节约的优良传统，树立"以天下为己任"、舍我其谁的社会责任感和担当精神，这不仅有利于个人价值的实现，而且有利于个体拥有充实、幸福的人生。

（三）培育劳动者生生不息的精神动力的需要

市场经济的发展对从业人员的职业观念、态度、技能、纪律和作风都提出了更高的要求，职业信念与职业奋斗精神是广大从业人员高度的责任感和使命感的体现。拥有职业信念与职业奋斗精神，从业人员才能安心工作、热爱工作、献身所从事的行业，克服任务繁重、条件艰苦等困难，勤勤恳恳、任劳任怨、甘于寂寞、勇于创新、淡泊名利、无私奉献，将自己的远大理想和个人追求落到工作实处，在平凡的工作岗位上做出非凡的业绩。

讨论交流

1. 现如今，自由、平等的观念已深入人心，任劳任怨是完全服从吗？作为当代青年，你认为应该如何对待工作？

2. 近年来，企业"用工荒"与大学生"就业难"的问题并存，请谈谈你对此问题的认识，如何破解这一难题？

一、活动目标

　　通过制定职业生涯规划书，加强自我认知，增强目标意识、就业意识，树立正确的择业观，将个人的职业选择与国家的切实需要紧密结合，从而促进职业发展、实现个人价值。

二、活动准备

　　寻找《职业生涯规划书》的优质范本，梳理其中的要素，明确职业生涯规划书的主要内容及相关要求。

三、活动内容

　　先梳理自己的优势和不足，罗列出感兴趣的行业或有就业意向的职业，然后详细了解相关要求，选择自己的目标行业或职业，确定并拆分自己的职业目标，最后制定计划并执行。

四、注意事项

　　（1）根据社会的实际需求规划职业生涯。

　　（2）结合所学专业规划职业生涯。

　　（3）制定职业规划之前要详细了解情况，分析得当；制定的职业规划要准确真实，切实可行；执行时要抓住关键目标和主要的实施方案。

五、活动体会

　　填写并提交"实践活动表"，在班级内分享交流自己的职业规划方向。

实践活动表

活动名称	制定职业生涯规划书			
姓名		专业		年级
认识自我	职业兴趣			
	性格特质			
	特长和不足			
	职业能力及适应性			
了解职业要求及所处环境	职业要求分析			
	家庭环境分析			
	社会环境分析			
确定职业目标	1. 短期目标（工作 3 年内） 2. 中期目标（工作 15 年内） 3. 长期目标（退休前）			
具体实施方案				

实践训练卡

第三章

劳动精神培育

思想领航

　　劳模精神、劳动精神、工匠精神是以爱国主义为核心的民族精神和以改革创新为核心的时代精神的生动体现，是鼓舞全党全国各族人民风雨无阻、勇敢前进的强大精神动力。

——习近平

第一节	劳动精神

案例导引　　　　　　　　　　　争做"状元"的快递员

"2011 年大学毕业后到邮政上班，工作 10 年来累计投送邮件 28 万件，我们快递员的工作看似简单，实际是环环相扣。"2021 年，快递小哥康智在中宣部的记者见面会上向大家介绍快递员这份工作。康智每天都会骑着快递三轮车，像小蜜蜂一样忙碌地奔行在北京的大街小巷。

"送快递考验体力，更考验脑力，是一项技术活儿。"康智说。将快递"送好"的标准可不低：既要投递精准、客户满意，还得时效性强。"一个环节做不好就会影响投递效率和客户体验。"一个优秀的快递员不仅要对每一个环节都驾轻就熟，还需要具备快速应变的能力。正是因为康智在工作中善于总结、勇于创新，才使得他有机会参加各种职业技能大赛。

2017 年，康智第一次参加中国技能大赛——第五届全国邮政通信特有职业技能竞赛。他在大赛中获得"个人全能"第十二名，还获得了"投递归班处理"第二名、"理论知识考试"第三名的优异成绩。在快递员这个普通而又平凡的岗位上，康智练就了过硬本领，获得全国青年岗位能手、全国邮政技术能手、北京市劳动模范等荣誉称号，成为一名快递行业的"状元"。

请结合资料，谈谈康智的事迹对你有什么启发。

根据中共中央、国务院印发的《关于全面加强新时代大中小学劳动教育的意见》和教育部印发的《大中小学劳动教育指导纲要（试行）》的要求，学生应结合专业特点，努力增强职业荣誉感和责任感，提高职业劳动技能水平，培育积极向上的劳动精神和认真负责的劳动态度；学会运用专业技能为社会、为他人提供相关公益服务，培育社会公德，厚植爱国爱民的情怀。积极参与真实的生产劳动和服务性劳动，可以增强职业认同感和劳动自豪感，提升创意物化能力，培育不断探索、精益求精、追求卓越的职业精神和爱岗敬业的劳动态度，认识到"三百六十行、行行出状元"，劳动不分贵贱，任何职业都很光荣、都能出彩的道理。

一、劳动精神概述

劳动精神是植根于劳动者内心，并且在劳动活动中表现出来的劳动价值理念、劳动精神气质、劳动思维方式及劳动心理意识。劳动精神具有深刻的内涵，是指导人们进行中国特色社会主义建设实践的强大精神力量。

2014 年，习近平总书记在乌鲁木齐接见劳动模范和先进工作者、先进人物代表时提出"劳动精神"。2015 年，在庆祝"五一"国际劳动节暨表彰全国劳动模范和先进工作者大会上，习近平总书记指出，"在前进道路上，我们要始终弘扬劳模精神、劳动精神，为中国经济社会发展汇聚强大正能量"。劳动精神是中国人共同的精神谱系，每个中国人都应当以劳动精神为指引，辛勤劳作、艰苦奋斗，坚信劳动开创未来、奋斗成就梦想。

我国是人民当家作主的社会主义国家，党和国家始终坚持全心全意依靠工人阶级的方针，始终高度重视工人阶级和广大劳动者在党和国家事业发展中的重要地位。习近平总书记指出："在我们社会主义国家，一切劳动，无论是体力劳动还是脑力劳动，都值得尊重和鼓励；一切创造，无论是个人创造还是集体创造，也都值得尊重和鼓励。"中华人民共和国成立以来，党和国家多次召开全国劳动模范和先进工作者表彰大会，表彰人数超过 3 万人次。这体现了党和国家对劳动的崇尚、对劳动者的敬重，目的是在全社会进一步营造劳动光荣的社会风尚和精益求精的敬业风气。

社会主义是干出来的，新时代是奋斗出来的。实现中华民族伟大复兴中国梦，根本上要靠全体人民的劳动、创造、奉献。在新征程的前进道路上，必须大力弘扬劳模精神、劳动精神、工匠精神，进一步激发见贤思齐的正能量，焕发劳动奋进的精气神。

二、新时代劳动精神的内涵

党的十八大以来，习近平总书记多次礼赞劳动创造，多次强调劳动精神的重要性；倡导要在全社会营造崇尚劳动的文化氛围，弘扬劳动精神，通过辛勤劳动、诚实劳动、创造性劳动创造美好生活。

2020 年 11 月 24 日，在全国劳动模范和先进工作者表彰大会上的讲话中，习近平总书记系统地阐释了劳动精神的科学内涵，即"崇尚劳动、热爱劳动、辛勤劳动、诚实劳动"。2022 年 4 月 27 日，"五一"国际劳动节到来之际，习近平总书记在致首届大国工匠创新交流大会的贺信中强调："我国工人阶级和广大劳动群众要大力弘扬劳模精神、劳动精神、工匠精神，适应当今世界科技革命和产业变革的需要，勤学苦练、深入钻研，勇于创新、敢为人先，不断提高技术技能水平，为推动高质量发展、实施制造强国战略、全面建设社会主义现代化国家贡献智慧和力量。"

新时代劳动精神具有鲜明的时代特点，结合习近平总书记关于劳动精神的重要论述，我们可以从以下几个方面来理解新时代劳动精神的深刻内涵。

（一）政治底色——马克思主义劳动观

劳动是人类的本质活动，是推动人类社会进步的根本力量。劳动光荣、创造伟大是马克思主义劳动观的基本观点，是对人类文明进步规律的重要诠释，也是深深植根于中华民族血脉的精神基因。中华文明历经千年而生生不息，一个重要的原因就是中华民族始终崇尚劳动、热爱劳动。革命、建设、改革、发展的每一步都来之不易，每一步都浸透着亿万劳动者的辛勤汗水和默默奉献。

从新民主主义革命时期的"边区工人"赵占魁、"兵工事业开拓者"吴运铎，到社会主义革命和建设时期的"铁人"王进喜（图 3-1-1）、"知识分子的杰出代表"蒋筑英、"宁肯一人脏、换来万人净"的时传祥，再到改革开放和社会主义现

图 3-1-1 王进喜和石油工人雕像

代化建设新时期的"蓝领专家"孔祥瑞、"金牌工人"窦铁成、"新时期铁人"王启民，一个个平凡却闪光的名字，一个个埋头苦干、忘我奉献的劳动者，一砖一瓦地建设起社会主义的雄伟大厦。

进入新时代以后，习近平总书记根据劳动的新特点、新变化，继承和发扬了马克思主义劳动观，习近平总书记指出："全面建成小康社会，进而建成富强民主文明和谐美丽的社会主义现代化强国，根本上靠劳动、靠劳动者创造。"马克思主义劳动观充分肯定广大劳动者的主体地位，习近平总书记对于劳动和劳动精神的重要性的强调也是在充分肯定劳动者的历史主体地位。由此可见，马克思主义劳动观是弘扬劳动精神的重要理论来源，也是新时代劳动精神的政治底色。理解马克思主义劳动观，有助于我们更好地把握和弘扬新时代劳动精神。

（二）价值取向——以人民为中心

马克思主义的基本立场是以无产阶级的解放和全人类的解放为使命，以人的自由而全面发展为美好目标，以人民为中心，一切为了人民，一切依靠人民。习近平总书记关于劳模精神、劳动精神、工匠精神的重要论述，体现的就是马克思主义的基本立场，即以人民为中心的立场，这也是新时代劳动精神的价值取向。

党的二十大报告把"必须坚持人民至上"列为习近平新时代中国特色社会主义思想的世界观和方法论的重要内容之一。重视劳动精神，其本质就是坚持人民至上，这充分体现了党和国家以人民为中心的治国理念，体现了"人民是历史的创造者"的基本观点，体现了人民群众是推动经济社会发展的基本依靠。弘扬和践行劳动精神，必须尊重人民群众的主体地位，充分调动广大人民群众的积极性、主动性、创造性。

新时代的劳动精神必须站稳人民立场，体现人民利益，增进人民福祉。站稳人民立场，就是要坚定一切劳动创造的根基在人民、血脉在人民、力量在人民，劳动精神来自人民、植根人民、服务人民；体现人民利益，就是要将人民的利益放在首位，用劳动创造努力实现好、维护好、发展好最广大人民群众的根本利益；增进人民福祉，就是要把人民群众对美好生活的向往作为奋斗目标，通过劳动创造更美好的生活，实现人民群众对幸福的追求。

以人民为中心的价值取向，是坚持人民立场的鲜明特点。习近平总书记多次强调，人民群众是真正的英雄。人民不仅是历史的创造者，也是劳动精神的创造者。劳动精神是依靠人民、为了人民的精神理念，要始终坚持唯物史观，突出人民群众的历史主体地位。

（三）时代特征——构建和谐的劳动关系

2023 年 1 月，人力资源和社会保障部、中华全国总工会、中国企业联合会、中国企业家协会、全国工商联联合下发《关于推进新时代和谐劳动关系创建活动的意见》，其中指出：力争到 2027 年年底，各类企业及企业聚集区域普遍开展和谐劳动关系创建活动，实现创建内容更加丰富、创建标准更加规范、创建评价更加科学、创建激励措施更加完善。和谐劳动关系创建活动是构建中国特色和谐劳动关系的重要载体。2021 年，和谐劳动关系创建活动被列为人力资源和社会保障部全国创建示范活动项目。为进一步推动创建活动扩面提质增效，按照党的二十大要求，国家协调劳动关系三方制定相关意见，对新时代的和谐劳动关系创建活动进行再动员和再部署。

新时代和谐劳动关系具有鲜明的时代特征。从新时代建设社会主义和谐社会的角度来看，劳动者对美好生活的向往日益强烈，构建和谐的劳动关系、促进社会的和谐稳定面临新形势、新挑战，只有切实解决好广大劳动者最关心、最直接、最现实的利益问题，才能不断满足劳动者对工资收入、社会保障、工作条件、劳动保护、精神文化、民主法治、公平公正等方面的期待，以和谐的劳动关系夯实和谐社会之基。

新时代赋予新使命，新征程呼唤新作为。大学生要充分认识新时代对构建中国特色和谐劳动关系提出的新要求、新任务，准确把握新形势下劳动关系发展变化的新特点、新趋势，在经济发展的基础上注重保护自身的劳动权益，有效预防和化解劳动关系矛盾，为建立规范有序、公正合理、互利共赢、和谐稳定的劳动关系贡献力量。

三、新时代大学生劳动精神的培育

职业本科教育的育人目标是培养高层次技术技能人才，国家"十四五"规划建议也明确提出要"增强职业技术教育适应性，深化职普融通、产教融合、校企合作，探索中国特色学徒制，大力培养技术技能人才"。在新时代的背景下，促进大学生劳动精神的培育与人才培养目标相契合，既是实现中华民族伟大复兴的需要，也是大学生全面发展的需要，更是推动大学生将劳动精神转化为劳动实践的有效路径。

（一）新时代劳动精神的核心内涵

中华民族一直都非常重视劳动的价值，新时代的劳动精神不仅继承了中华民族的勤劳美德，同时将时代价值融入其中，是新时代背景下劳动观念、态度和行为方式的总和，它既包含传统的价值观念，又蕴含新的时代要求。总的来说，新时代劳动精神的核心内涵可以概括为以下四个方面。

1. 崇尚劳动

习近平总书记强调，"无论时代条件如何变化，我们始终都要崇尚劳动、尊重劳动者，始终重视发挥工人阶级和广大劳动群众的主力军作用"。崇尚劳动就是要在全社会牢牢树立正确的劳动价值观，通过思想宣传、舆论引导、实践养成等方式，大力倡导劳动没有高低贵贱之分、任何一份职业都很光荣的理念，切实保障广大劳动群众的合法权益，推动全社会进一步形成崇尚劳动的浓厚氛围。

2. 热爱劳动

热爱劳动既是一种正确的劳动态度，也是一种优良的行为习惯。劳动是创造物质财富和精神财富的过程，只有热爱劳动、热爱劳动人民，才会自觉自愿、积极主动地投身于劳动实践，才能真正地认识到劳动的价值，才能切实感悟到"劳动是一切幸福的源泉"，也才能最终做到"劳动已经不仅仅是谋生的手段，而且本身成了生活的第一需要"。

3. 辛勤劳动

幸福生活不会从天而降，美好生活靠辛勤劳动创造。习近平总书记强调："我们的国家，我们的民族，从积贫积弱一步一步走到今天的发展繁荣，靠的就是一代又一代人的顽强拼搏，靠的就是中华民族自强不息的奋斗精神。"越是伟大的事业，越需要广大劳动者撸起袖子加油干、风雨无阻向前行，越需要勠力同心、接续奋斗，越需要常葆辛勤不息、实干笃行之姿，以高涨的工作热情促发展、抓落实，迈向通往伟大梦想的光辉前程。而对于青年学生而言，只有锤炼辛勤劳动的意志品质，才有可能拥有幸福美好的人生。

4. 诚实劳动

诚实劳动既是一种踏实的工作态度，也是一种优良的道德品格。劳动的收获源于诚实的付出，劳动的荣光出自诚实的创造。面对世界百年未有之大变局和外部诱惑，当代青年劳动者应注重从劳动中锻造优良品德，明辨是非、恪守正道，保持定力、严守规矩，用勤劳的双手和诚实的劳动创造属于自己的美好生活，进而汇聚起奋进新征程、建功新时代的强大力量。

（二）厚植崇尚劳动的社会风尚

崇尚劳动是新时代劳动精神的思想基础，是马克思主义劳动观在中华文化沃土中的生动表达。厚植崇尚劳动的社会风尚，可以让全体人民进一步焕发劳动热情、释放创造潜能，通过劳动创造更加美好的生活。

1. 筑牢崇尚劳动的思想观念

青年学生要坚定崇尚劳动的理想信念，从思想深处提升对劳动价值的认知，涵养崇尚劳动、尊重劳动的思想观念和爱党报国、服务人民、创造美好生活的理想情怀，强化个体的社会责任感，进而将内在认同转化为行动自觉，积极投身基层，到生产一线参与劳动实践，切实改变轻视体力劳动和体力劳动者的偏见，充分认识新时代劳动的多样性和复杂性，树立正确的劳动观。

2. 增进崇尚劳动的价值认知

注重在创造美好生活的劳动实践中坚持共同奋斗的价值追求，正确辨识集体利益与个人利益，处理好个人与集体的关系，不断增强历史使命感和责任感，自觉将个人的理想追求、家庭幸福有机融合于国家富强、民族复兴的伟业之中，勇于做中国特色社会主义的劳动者、建设者、拥护者，不断提升自我，成为德才兼备的高素质技术技能人才。

3. 营造崇尚劳动的社会氛围

牢牢把握正确的舆论导向，积极传播新时代崇尚劳动的观念，讲好新时代劳模、工匠的动人事迹，积极弘扬主旋律、传递正能量，引领崇尚劳动、尊重劳动、推崇劳动者的社会风尚，牢固树立"劳动最光荣、劳动最崇高、劳动最伟大、劳动最美丽"的观念。

（三）新时代劳动精神的实践养成

新时代劳动精神的实践养成具有重要的现实意义和深远的历史价值，关乎中华民族伟大复兴中国梦的实现和社会主义现代化强国的建设。培育新时代劳动精神，重点在实践，只有不断践行劳动精神，将劳动精神落实在行动上，才能真正实现高校培养时代新人的育人目标，进而有效助力社会主义现代化强国建设。具体来说，大学生可以从以下三个方面践行劳动精神。

1. 在生活中践行劳动精神

在校学习期间，要积极践行热爱劳动的劳动精神，既要注重个人劳动，整理好个人卫生；也要积极参加学校组织的集体劳动活动，在劳动中锻炼自己。放假在家期间，要主动承担力所能及的家庭劳动，为父母分担家务，养成良好的劳动意识和劳动习惯。

2. 在专业学习中践行劳动精神

在学习过程中，尤其是钻研专业知识时，必然会遇到很多困难，要践行吃苦耐劳、勤于思考、锲而不舍的劳动精神，遇到困难要迎难而上，面对失败、挫折，要坚持不懈，而非轻言放弃，努力夯实专业知识，锤炼专业技能，参加岗位实习，成为本专业的技术能手。

3. 在社会实践中践行劳动精神

要学会将学校学习的理论知识与社会实践相结合，积极参与社会实践活动。在社会实践中不断提高自己的专业能力和服务水平，不断反思和进步。在求职就业的过程中树立正确的劳动观念，坚持"干一行、爱一行、钻一行、精一行"，扎根基层、扎根一线，锻造踏实肯干、勇于创新的优良品德。

案例导引　　　　　　　　　　　巨晓林：从农民工到全国劳动模范

1987年3月的一天凌晨，25岁的巨晓林从岐山脚下走出，踏上了北上的列车。这是他第一次坐火车，要去中铁电气化局，成为一名农民工。

20世纪50年代，国家修建的第一条电气化铁路宝成线宝鸡至凤州段经过他的家乡，很多同乡都参与了这条铁路的建设。他从小就喜欢铁路、喜欢火车，听到很多铁路电气化工人不畏千辛万苦为祖国修建铁路的感人故事，梦想有一天自己也能穿上蓝色制服，成为一名铁路电气化工人。

铁路接触网工是一个技术密集型工种。刚上班的时候，巨晓林对铁路电气化技术一窍不通，为了掌握更多的施工技术，高中学历的他买了30多本专业书，其中有一些还是大学的课本。无论工地转移到哪儿，他都抓住一切可以利用的时间学习。他始终坚信"农民工也要努力学技术，成为懂行的人"。在学通专业知识的基础上，巨晓林把目标瞄准了技术创新。经过30多年锲而不舍的努力，巨晓林累计创新施工方法143项，给公司创造经济效益超过2000万元。

随着铁路的快速发展，一批又一批农民工来到铁路电气化工地。看到新工友学习接触网安装技术有些吃力，有的还沿用旧方法，巨晓林萌生了编写一部工具书的想法。经过3年多的艰苦努力，巨晓林写出了10万字的《接触网施工经验和方法》书稿，填补了我国铁路接触网施工技能培训教材的空白，成为铁路施工一线技术工人的学习"宝典"。

工作30多年来，他参与修建了北同蒲线、鹰厦线、大秦线、京沪高铁等15项国家重点电气化铁路工程，从一名普通农民工成长为知识型工人、国家级技能大师，获得全国五一劳动奖章、全国劳动模范、全国创先争优优秀共产党员、最美奋斗者等荣誉称号。

请结合资料，谈谈巨晓林为什么能够从一名农民工成长为国家级技能大师，在他身上你看到什么样的品质和精神。

一、劳模精神概述

劳动模范是中华民族劳动者的楷模，对广大工人阶级和劳动群众有着引领作用。劳模精神萌芽于 20 世纪 30 年代的革命战争时期，中国共产党领导群众发动生产比赛，通过竞赛评选劳动模范和先进单位，揭开了劳动模范运动的序幕，劳模精神因此产生。中华人民共和国成立到改革开放这一时期，我国延续了革命战争时期的劳动传统，举行劳动竞赛，实行大规模生产，同时召开劳模表彰大会，表彰优秀劳动者和先进劳动工作者。随着改革开放的不断发展，我国劳动模范的评选也逐渐发生了变化，全国劳动模范评选和先进工作者表彰进程有了较为规范的流程，劳模评选活动的规范化和标准化代表着劳模精神的时代内涵不断丰富。

党的十八大以来，以习近平同志为核心的党中央始终关心劳模和劳模工作，礼赞劳动创造，讴歌劳模精神（图 3-2-1）。2013 年 4 月 28 日，习近平总书记在同全国劳动模范代表座谈时的讲话提出："必须大力弘扬劳模精神、发挥劳模作用。榜样的力量是无穷的。劳动模范是民族的精英、人民的楷模。长期以来，广大劳模以平凡的劳动创造了不平凡的业绩，铸就了'爱岗敬业、争创一流，艰苦奋斗、勇于创新，淡泊名利、甘于奉献'的劳模精神，丰富了民族精神和时代精神的内涵，是我们极为宝贵的精神财富。"鼓励全国各族人民向劳模学习，以劳模为榜样，发挥只争朝夕的奋斗精神，共同投身实现中华民族伟大复兴的宏伟事业。

图 3-2-1　在工作上"争"，在名利上"让"

2015 年 4 月 28 日，习近平总书记在庆祝"五一"国际劳动节暨表彰全国劳动模范和先进工作者大会上的讲话指出："劳动模范和先进工作者是坚持中国道路、弘扬中国精神、凝聚中国力量的楷模，他们以高度的主人翁责任感、卓越的劳动创造、忘我的拼搏奉献，为全国各族人民树立了学习的榜样。'爱岗敬业、争创一流，艰苦奋斗、勇于创新，淡泊名利、甘于奉献'的劳模精神，生动诠释了社会主义核心价值观，是我们的宝贵精神财富和强大精神力量。"

2020 年 11 月 24 日，在全国劳动模范和先进工作者表彰大会上，习近平总书记对劳模精神进行全面、系统、深刻的阐述。2021 年 9 月，党中央批准了中宣部梳理的第一批纳入中国共产党人精神谱系的伟大精神，劳模精神被纳入其中。

2023年4月30日，在"五一"国际劳动节到来之际，习近平总书记强调，希望广大劳动群众大力弘扬劳模精神、劳动精神、工匠精神，诚实劳动、勤勉工作，锐意创新、敢为人先，依靠劳动创造扎实推进中国式现代化，在强国建设、民族复兴的新征程上充分发挥主力军作用。

习近平总书记关于劳动的重要论述，丰富和深化了我们党对劳动、劳动价值的认识，对新时代新征程上大力弘扬劳模精神、劳动精神、工匠精神具有重大意义。中国共产党的百年奋斗史，镌刻着劳模精神、劳动精神、工匠精神形成发展的光辉历程。劳模精神、劳动精神、工匠精神孕育于革命战争年代，形成于社会主义革命和建设时期，发展于改革开放新时期，光大于中国特色社会主义新时代，成为中国共产党人精神谱系的重要组成部分。

二、新时代劳模精神的内涵

新时代劳模精神反映的是在新的背景、新的条件下广大劳动人民的精神面貌，这些精神面貌彰显了广大劳动者为中国特色社会主义建设做出的伟大贡献。新时代劳模精神主要是指在工作中所表现出来的"爱岗敬业、争创一流、艰苦奋斗、勇于创新、淡泊名利、甘于奉献"等一系列优秀品质。

（一）劳模精神的理论基础和文化传统

劳模精神的理论基础是马克思主义劳动观。马克思主义劳动观认为，劳动是人类生存生活的必要条件，也是人类实现自我目标的必要过程，是社会关系形成的必要环节。在人类社会的发展进程中，劳动发挥着决定性的作用。肯定劳动的价值，承认劳动者的主体地位，体现劳动者的自主性，是社会主义制度下劳动者的天然优势，劳动不再是异化的、脱离人性的事情，而是劳动者通过努力实现自我价值的有效途径。

马克思主义劳动观肯定了工人阶级和最广大劳动群众在社会发展过程中的积极作用，为弘扬劳模精神提供了理论支撑。劳模精神是社会主义劳动者推动社会发展和实现精神文明的产物，中国特色社会主义开辟了社会主义在中国发展的独特进程，而劳模精神在这一独特进程中不断焕发出强大的生命力、创造力、战斗力、感染力、凝聚力、影响力，成为中华民族宝贵的精神财富，在中华民族站起来、富起来、强起来的伟大历史进程中发挥了不可替代的重要作用。

劳模精神的文化渊源来自中华民族五千多年的文化传统。历史悠久的传统文化既体现了中华民族的历史底蕴，也彰显了中华民族崇尚劳动、尊敬劳动者的历史传统。在中华优秀传统文化中，一贯推崇对劳动实践的认同、对劳动精神的传承、对劳动文化的传播。远古时代，钻木取火、神农氏教民稼穑、大禹治水等劳动故事广为流传。明朝时期，宋应星所著的《天工开物》收录了农事、手工制造（如机械、兵器、火药、纺织、染色、制盐、采煤等）技术，集中体现了古代劳动人民在自然科学、工业制造等方面的劳动创造和发明成就。

劳动创造了中华民族灿烂的历史文化，锻造了中国人朴实、勤奋的优秀品格。中华优秀传统文化为劳模精神的形成注入了文化基因，让劳模精神成为创造辉煌的根本力量和推动中华民族继续向前发展的精神动力。

（二）新时代劳模精神的核心内容

"爱岗敬业、争创一流、艰苦奋斗、勇于创新、淡泊名利、甘于奉献"的劳模精神具有鲜明的理论特色、实践特色、民族特色和时代特色，生动体现了以爱国主义为核心的民族精神和以改革创新为核心的时代精神，集中反映了中国劳动者的历史主体地位，是鼓舞全党全国各族人民实现第二个百年奋斗目标、以中国式现代化全面推进中华民族伟大复兴的强大精神动力。

1. 爱岗敬业

爱岗敬业是指忠于职守的职业精神，这是职业道德的基础。爱岗就是热爱自己的本职工作，稳定、持久地在岗位上耕耘，恪尽职守地做好本职工作；敬业就是充分认识到本职工作在社会经济活动中的地位和作用，认识到本职工作的社会意义和价值，具有职业荣誉感和自豪感，在工作中保持高度的劳动热情和创造性，以强烈的事业心和责任感开展工作。

2. 争创一流

争创一流就是要形成创先争优的社会风尚，推进社会主义精神文明建设。党的十八大以来，越来越多的知识型、技能型、创新型劳动者为实现中华民族伟大复兴而奋斗，"金手天焊"高凤林先后为90多发火箭焊接过"心脏"，攻克200多项航天焊接难关，成为航天航空领域的"大国工匠"。争创一流，就是要以高度的事业心和责任感对待工作，始终保持昂扬向上的工作激情。

3. 艰苦奋斗

艰苦奋斗就是不攀比物质生活，而是追求为社会多做贡献。在相对不完善的工作条件下依然能够保持高涨的工作热情，尽可能节省投入、节约资源，同时又高质量地完成任务；不被困难吓倒，坚持不懈、竭尽所能地向既定目标前进。艰苦奋斗作为伟大民族精神的重要组成部分，始终熠熠生辉、光芒四射，为一代代中华儿女不畏艰难困苦、矢志奋发图强、乐于拼搏奉献提供了延绵不绝的精神支撑。

4. 勇于创新

勇于创新就是在日常生产生活中保持推陈出新的意识和干劲，善于捕捉创新创造的每一个机会和灵感，力争在本职岗位上有所发现、有所发明、有所创造。要增强创新意识、培养创新思维（图 3-2-2），展示锐意创新的勇气、敢为人先的锐气、蓬勃向上的朝气。全国劳模竺士杰是浙江省海港集团宁波港北仑第三集装箱码头有限公司的一名桥吊司机，从业 20 多年来，他立足岗位、勇于创新，牵头完成宁波舟山港首套"岸桥远控模拟系统"，该系统获得第五届中国国际发明创新展览会金奖，以他名字命名的桥吊操作法已更新迭代至 3.0 版本。

图 3-2-2　培养创新思维

5. 淡泊名利

淡泊名利就是要克服急功近利的心理，远离追名逐利的彷徨。唯有那些淡泊名利、一心奉献给国家和事业的人，才能在干事创业、开拓进取中真正有所作为。黄大年同志在英国求学工作 18 年，已经拥有很好的研究平台、研究团队、人脉资源和物质条件，即便这样，在国家需要和召唤的时候，他毅然回国，成为东北地区引进的第一位"千人计划"专家。黄大年回国后立刻投身于科学研究，不兼任任何行政职务，将自己的全部精力放在学术科研和人才培养上。黄大年面对名利时的选择，成为这个时代可贵的精神风向标。

6. 甘于奉献

甘于奉献就是要在工作中有不畏艰险、苦干实干的精神，面对严峻的工作任务，能够迎难而上、担当尽责，有一分热，发一分光，能够不计得失地真诚付出。全国铁路劳模、上海客运段高铁一车队列车长顾蓉在 20 多年的职业生涯中，秉持着对铁路客运服务事业的热爱和一切为了旅客的价值观念，在岗位上传递温情，在力所能及之处给予善意，这既是她一直以来的服务初心，也是她一以贯之的工作恒心。正是她的默默奉献和优质服务，使其成为业务骨干、全国劳模。

（三）新时代劳模精神的当代价值

劳动模范是每个时代劳动者的典型代表，彰显着这个时代的劳动精神，是引导广大劳动者奋斗的榜样力量，也是新时代劳动教育的价值取向。充分发挥劳模精神的引领作用，有助于正向引导大学生培育和践行正确的劳动价值观，树立正确职业观。同时，用新时代劳动模范的先进事迹鼓舞更多的劳动者，可以激发广大群众干事创业的激情。通过弘扬劳模精神，让实干担当在新时代蔚然成风，让改革创新在新时代焕发活力，让精益求精在新时代落地生根。

三、新时代大学生劳模精神的培育

新时代大学生劳模精神的培育是高校劳动教育中一项重要的育人实践活动，将中国共产党人的精神谱系——劳模精神——纳入劳动教育的培育过程，紧扣立德树人根本任务，培育新时代大学生正确的劳动观、职业观、价值观，贯彻"爱岗敬业、争创一流、艰苦奋斗、勇于创新、淡泊名利、甘于奉献"的劳模精神，是培养知识型、技能型、创新型的高层次技术技能人才的重要途径。

（一）弘扬劳模精神，发挥劳模作用

长期以来，广大劳模以平凡的劳动创造了不平凡的业绩，铸就了劳模精神，丰富了民族精神和时代精神的内涵，是我们极为宝贵的精神财富。习近平总书记指出"劳动模范是劳动群众的杰出代表，是最美的劳动者"，强调"必须大力弘扬劳模精神、发挥劳模作用"。

在各个历史时期，广大劳模以高度的主人翁精神、卓越的劳动创造、忘我的奉献精神谱写出一曲曲可歌可泣的动人赞歌，为全国各族人民树立了光辉的学习榜样。

进入新时代以来，我国工人阶级和广大劳动群众在实现中国梦的伟大进程中拼

搏奋斗、争创一流、勇攀高峰，为全面建成小康社会、决战脱贫攻坚发挥了主力军作用，用智慧和汗水营造了"劳动光荣、知识崇高、人才宝贵、创造伟大"的社会风尚，谱写了"中国梦·劳动美"的新篇章。实践充分证明，在当代中国，工人阶级和广大劳动群众始终是推动我国经济社会发展、维护社会安定团结的重要力量，劳动模范是民族的精英、人民的楷模，是共和国的功臣。

"禁区勇士"胡洪炜、"当代愚公"黄大发、"深海钳工"管延安、"九天揽星人"孙泽洲等一大批先进模范人物，以爱岗敬业、锐意创新、勇于担当、无私奉献的工作态度，在平凡的岗位上创造出非凡的业绩，用干劲、闯劲、钻劲鼓舞了更多的人，激励了广大劳动群众争做新时代的奋斗者。

在新时代，青年学生要坚定不移听党话、矢志不渝跟党走，将党和国家确定的奋斗目标作为自己的人生目标，以民族复兴为己任，自觉把人生理想、家庭幸福融入国家富强、民族复兴的伟业之中，做新时代的追梦人。要大力弘扬劳模精神，树立终身学习的理念，养成善于学习、勤于思考的习惯，学以养德、学以增智、学以致用；增强创新意识、培养创新思维，适应新一轮科技革命和产业变革的需要，密切关注行业、产业前沿知识和技术发展，勤学苦练、深入钻研，不断提高技术技能水平和创新能力，当好主人翁，建功新时代。

（二）践行劳模精神，重视劳动实践

当前，部分学生对劳模精神的理解不够深入，甚至对劳模精神存在着错误认知，不能准确把握劳模精神的深刻内涵，尤其是在快速发展的互联网时代，鱼龙混杂的信息容易扰乱学生的价值观念，出现享乐、攀比等不良风气。青年学生应准确地理解劳模精神的核心要义，规范自我行为，把劳模精神转化为学习动力，在生活实践中磨炼劳模品质。

青年学生要主动践行劳模精神，重视劳动实践。在准确把握劳模精神的基础上，主动将劳模精神贯穿于日常生活实践和劳动过程中。在学习上，要有见贤思齐、争创一流的上进心，自觉向优秀的同学看齐，努力提升自己的理论知识水平和实践能力。在生活上，要践行艰苦奋斗的劳模精神，做到勤俭节约，拒绝浪费主义、享乐主义，生活中养成良好的劳动意识和劳动习惯，积极主动地参与劳动。在社会实践和择业就业的过程中，要践行劳模精神，在工作岗位中始终保持踏实干事的奋进姿态，不断向下扎根，向上拔节，立足岗位，成就事业，点亮人生。

案例导引 青年工匠孟凡东："00后"钳工冠军的沉静匠心

　　"学习技能没有捷径，唯有靠日复一日的积累和苦练。"2015 年，孟凡东进入徐州工程机械技师学院学习。每当想到今后吊装风电的起重机很可能是自己参与制造的，他的心中就充满了责任感和使命感。入学后，孟凡东利用一切闲暇时间进行与钳工相关的训练。在实训车间里，他弯着腰、弓着背，天天跟"铁家伙"打交道，一站就是四五个小时。一次盲配件训练，已经满足课堂要求的作品一次次被他否定。直到凌晨两点，他才制作出一个勉强"看得上"的工件。

　　2020 年，孟凡东从学校毕业后，顺利进入徐州重型机械有限公司。当得知公司要进行第七届全国职工职业技能大赛选手选拔时，他毫不犹豫地报了名。

　　"与高手过招才能突破我的技能瓶颈。"2021 年 3 月起，孟凡东正式开始备战。为了夯实钳工基础，他搜集往届的比赛题，日复一日进行练习。为了训练锉削时双手的敏感度，他对每一刀切削都用明确的数据指标衡量——锉刀精加工锉削 3 次，切屑量控制在 0.01 毫米，这意味着他必须练成平均每刀 0.003 毫米的"肌肉记忆"。

　　"集训 4 个月，光是锉刀就练废了三四十把，整整有一纸箱。"孟凡东说，每天上万次的锉削推拉，磨破了他的手掌，但他忍痛贴上创可贴接着练，新伤老茧一茬接着一茬。烦琐的步骤、高标准的要求、飞速流逝的时间让孟凡东无暇顾及其他，只能要求自己快一点、再快一点。在第七届全国职工职业技能大赛的决赛赛场上，历经 6 个小时，凭借娴熟的实操技能，这位"00后"参赛选手一举夺魁。从料峭春寒到炎炎夏日，那方不到两米的钳工操作台见证了冠军之路的艰辛。

　　如今的孟凡东已是省级"李戈技能大师工作室"的骨干成员。2021 年 9 月，他荣获江苏省五一创新能手称号；同年 10 月，他又荣获全国技术能手称号。

　　请结合资料，谈谈孟凡东身上有什么特质。

一、工匠精神概述

工匠精神是一种职业精神，它是职业道德、职业能力、职业品质的体现，是从业者的职业价值取向和行为表现。简单来讲，就是工匠们不断雕琢自己的产品、不断改善自己的工艺，使产品从商品变为精品，甚至是工艺品的过程。具有工匠精神的人对细节有着很高的要求，他们追求完美和极致，将品质从 99 提高到 100，其利虽微，却能长久造福于世。

工匠精神是个人成长的道德指引，是企业竞争发展的品牌资本，是中国制造稳步前行的精神源泉，是社会文明进步的重要尺度。事实上，工匠精神在中国历史上早有体现。

《庄子》中记载了"庖丁解牛"的故事。庖丁被请到文惠君的府上，为其宰杀一头牛。只见他用手按着牛，用肩靠着牛，用脚踩着牛，用膝盖抵着牛，动作极其娴熟。切割时的声音轻重有致、起伏相间，体现了其高超的技艺。这其中对精湛技术的追求，是中国历史上绵延不绝的精神财富。在璀璨的中华文明中，无数巧夺天工的珍品正是工匠们精益求精的产物。这样的追求，曾一度在对数量和低成本的追求过程中被人们忽视。如今，这种精神正在重新焕发生机。

工匠精神在生产生活中有重要的价值。现如今，工作节奏加快，很多人心浮气躁，追求投资少、周期短、见效快的行业带来的即时利益，从而忽略了产品的品质。因此，当今的企业更需要工匠精神，这样才能在长期的竞争中获得成功。当其他企业深陷"圈钱"的泥沼时，秉持工匠精神的企业依靠信念、信仰，促进产品不断改进、完善，最终一定会成为众多用户的选择。而在这个过程中，劳动者的精神是高尚脱俗的，也是正面积极的。

产品质量无法提升的原因可能有很多，但最终可以归结为缺乏工匠精神。所谓工匠精神，第一是要热爱你所做的事，胜过爱这些事给你带来的利益；第二就是要精益求精，精雕细琢。

工匠精神落实到个人层面，就是认真精神、敬业精神。其核心不仅是把工作当作养家糊口的工具，而且还要树立对职业敬畏、对工作执着、对产品负责的态度，注重细节，不断追求完美和极致，给客户无可挑剔的体验。将一丝不苟、精益求精的工匠精神融入工作中的每一个环节，做出打动人心的优质产品。目前，部分企业存在大而不强、质量参差不齐、自主创新能力较弱等问题，这与工匠精神稀缺、"差不多精神"显现有关。

二、新时代工匠精神的内涵

在 2020 年 11 月 24 日举办的全国劳动模范和先进工作者表彰大会上，习近平总书记强调，要"激励更多劳动者特别是青年一代走技能成才、技能报国之路，培养更多高技能人才和大国工匠"。只有理解了什么是工匠，才有可能成为一名以技报国的优秀劳动者。

说到工匠，中国人一定会想起鲁班。《墨子·公输》中有"公输子削竹木以为鹊，成而飞之，三日不下"的表述，东汉经学家赵岐在给《孟子·离娄上》中的"公输子"作注时，明确写道"公输子，鲁班，鲁之巧人也"。现如今，鲁班既是古代劳动人民智慧的象征，也是工匠及工匠精神的典型代表。

总的来说，工匠精神体现为执着专注的坚毅态度、精益求精的品质要求、一丝不苟的标准意识和追求卓越的创造精神（图 3-3-1）。

图 3-3-1　做精、做细、做专、做实

1. 执着专注

执着专注就是锁定目标，坚持不懈地做好一件事，永不言弃，这是所有优秀工匠必须具备的精神特质，所谓"干一行、爱一行、钻一行、精一行"即是如此。

在中国早就有"艺痴者技必良"的说法，《核舟记》中记载的奇巧人王叔远就是其中的代表。一个人只有专注，才能对事物形成深刻的认识，才能聚精会神地做好一件事；一个人只有全身心地投入某一项工作，才能使工作效率更高，使产品质量更有保障。"术业有专攻"，一旦选定一个行业，就应该一门心思地扎根下去，心无旁骛，在细分领域内不断积累优势，推动工作常态化、持久化发展，这样才能成为该领域的"领头羊"。

2. 精益求精

所谓精益求精，是指已经做得很好了，还要做得更好，是从业者对每件产品、每道工序都凝心聚力、追求极致的职业品质，体现了"人有我优"的职业追求。正如老子所说："天下大事，必作于细。"能基业长青的企业，无一不是精益求精才获得成功的。

此外，精益求精还可以促进行为主体改变惰性习惯，进而树立起对职业的敬畏心、对产品的责任心，这使得工匠有别于普通劳动者。只有具备这种价值观，才能在工作中细致入微，才能将产品打磨得越来越好。

3. 一丝不苟

一丝不苟是指不能与标准有丝毫差距的工作态度，对于当代工匠而言，一丝不苟要求劳动过程和劳动结果完全符合事先设定的标准，不能有丝毫的将就。这要求劳动者既拥有做好工作的主观意愿和积极端正的工作心态，又具备充分的专业知识和过硬的技术技能。

一丝不苟是工匠的基本素养，更是产品质量的保障。一名工人是否合格，主要取决于他是否能生产出合格的产品。标准越高，所需要的能力和技艺就越强，工人也越优秀。如果一个产品的工艺有 5 道程序，每道程序都以 90% 作为标准，最终结果只是 90% 的 5 次方，约等于 59%，这样连及格线都达不到。因此只有高标准、严要求，才能生产出优质的产品、提供优质的服务。

4. 追求卓越

追求卓越是要求自身不断追求顶尖水平的目标意识，它是将自身的优势、能力，以及所能使用的资源发挥到极致的一种状态，这既体现了工匠对完美的追求，也体现了工匠不断突破自我、促进个人提升的心境。

追求卓越并不是好高骛远，而是在立足现实的基础上进行努力。伴随着生产力的发展，在现代社会中，人们的生活水平显著提高，对产品或服务的品质要求也随之提高。目前我国正处于从制造大国向制造强国转型的关键时期，追求卓越的精神对建设制造强国有着重要意义（图 3-3-2）。

图 3-3-2   勇攀科技高峰

三、新时代大学生工匠精神的培育

（一）将工匠精神内化为自身素养

对于大学生而言，工匠精神的习得就是提升个体心智的过程，即将工匠精神内化为自身素养。知识内化成素养，素养升华为精神，精神涵养成习惯，是工匠精神从意识层面发展到品质层面的过程，这是因为专业知识只是外在的认知形态，而工匠精神则是领悟到专业知识与技能所蕴含的精神特质后而形成的道德品格、职业情怀和价值追求，是内在的价值形态。大学生将工匠精神内化为自身素养的途径主要有以下三点。

首先，要树立正确的世界观、人生观和价值观，认真学习专业知识和技能，培养热爱祖国、热爱校园、热爱学习、尊敬师长、团结同学的高尚品质，全面践行社会主义核心价值观，紧跟时代的发展步伐，借助现代信息技术手段和数智技术，将专业知识学透学精，并内化为自身素养。

其次，要培养优良的个人品性，在学习中磨炼坚持不懈、精益求精、敬业专注的工匠精神，在实习实践中，将追求一流、创新发展的品质内化为自身素养，不断涵养"匠心"。

最后，要不断提升个人综合能力与素养，在学习中逐渐培养高标准、严要求的良好习惯，不断超越自我，并从德行、品质、才学三个方面下功夫：在德行方面，应树立对职业的敬畏心和责任心，具有良好的工作品德和职业道德；在品质方面，应培养良好的个人素质，在工作中有恒心、有毅力，对事业有个人追求；在才学方面，应清晰地认识到自身在学习方面存在的不足，然后查漏补缺，掌握前沿知识和先进技术，走在行业发展的前列。

（二）将工匠精神外化为实践行动

作为新时代的大学生，首先要站在时代发展的角度，认识到工匠精神是一种民族气质、是一种精神追求、是一种社会期盼，充分认识到自己在社会发展中的重要地位，树立大国工匠的目标和工匠精神的情怀，通过与校园环境和社会环境的互动，将工匠精神外化为实践行动。

首先，应正确认识中国在世界发展格局中的地位及大国担当。随着我国经济社会的快速发展，以及国家发展战略的影响，中国在世界发展格局中的地位越来越重要，在"一带一路"、世界命运共同体、中国制造 2025 等背景下，新时代的大学生要有担当精神，将国家的发展战略作为奋斗的目标，并付诸行动。

其次，通过与校园环境的互动，认识到学校在专业设计、课程安排、教学设计、实习实训活动、社团活动等方面提供的便利，抓住学校提供的机会与挑战。在与校园环境的互动中，学习领悟工匠精神的内涵，吸收校园文化的精华，做一名校园工匠的实践者，将弘扬工匠精神作为一种校园文化。

再次，高校重视校企合作、产教融合，当前越来越多的高校与企业、行业共同挂牌成立了诸多实践平台。借助这些平台，学生可以抓住与企业互动的机会，将所学的专业知识与企业、行业的生产一线紧密结合，跟企业、行业大师学习先进的生产技术及其身上的优秀品质，将"敬业、专注、执着、认真"等工匠精神外化为行动理念。

最后，在与其他外界环境的互动过程中，提高判断能力、辨别能力，认识到作为一名大学生在社会发展过程中应担当的社会责任，时刻保持热爱学习、尊重知识、精益求精的价值观。

💬 **讨论交流**

    1. 劳模、工匠是否意味着无私奉献、不能要求过高的薪资待遇？

    2. 在劳模、工匠的成长成才之路上，经常出现"舍小家、顾大家"的情况，你如何看待事业与家庭的关系？

一、活动目标

　　学习一项被列为非物质文化遗产的传统技艺，可以激发劳动兴趣，践行多样化的劳动方式；了解我国非物质文化遗产的内容和魅力，既是对技艺之美、匠心之美的再认识，也是感悟中华文脉、增强文化自信的过程。

二、活动准备

　　登录"中国非物质文化遗产网"，了解并选择一项与专业相关或自身有浓厚兴趣的非物质文化遗产项目。例如，理工类专业学生可以选择传统手工技艺（如糖塑、竹编等），文科类专业和艺术类专业学生可以选择民间文学、传统音乐、民间工艺，医药类专业学生可选择传统医药，体育类专业学生可选择传统游艺等。

三、活动内容

　　以小组为单位，遵循就近、方便的原则，既可以联系相关负责人，到"非遗"项目所在地开展活动，也可以借助信息技术学习、实践。了解所选项目的历史、现状、制作工艺、价值和影响等，有条件的可以在专业人员的指导下参与一次"非遗"项目的制作过程。活动结束后，将作品或成果在班级内进行讲解和展示。

四、注意事项

　　（1）服从项目负责人的统一管理，切忌散漫、随意游荡等现象。

　　（2）如到项目所在地开展活动，需注意个人安全，严格遵守工作流程及相关规章制度，认真学习，不得随意行动。

　　（3）在参观、学习或实操的过程中要细心谨慎，注意保护历史文化遗产。

五、活动体会

　　填写并提交"实践活动表"，请谈谈通过此次活动，你了解到有关非物质文化遗产的哪些内容，对匠人、匠艺是否有了更深刻的理解，对于非物质文化遗产的保护和发扬有什么想法和体会。

实践活动表

活动名称	传承"非遗"匠心		
姓名		年级	
专业		组别	
"非遗"项目名称		活动形式	□实地调研　□线上学习
项目介绍及选择原因	（介绍时可从该项目的历史、现状、制作工艺、价值和影响等几个方面展开）		
项目所在地及主要代表人			
工艺要求及操作流程			
活动体会			

实践训练卡

第四章

劳动教育实践

思想领航

　　劳动谱写时代华章，奋斗创造美好未来。希望广大劳动群众大力弘扬劳模精神、劳动精神、工匠精神，爱岗敬业、创新创造，踊跃投身以高质量发展推进中国式现代化的火热实践，为全面推进强国建设、民族复兴伟业而不懈奋斗。

——习近平

案例导引　整理收纳师：从"家务"到"专业"

2021 年 1 月，整理收纳师被人力资源和社会保障部列入新职业，逐渐进入大众视野。此后，不少专业收纳团队涌现出来，家政公司也纷纷布局整理收纳服务。

周瑜是"90 后"，同时也是一位整理收纳金牌讲师。她表示，只要遵循"黄金五步法"，就能够化凌乱为整洁、化狼藉为美观。"五步法"具体分为：一"清"，包括清空衣柜，进行柜内清洁；二"分"，对所有物品进行分类，协助客户更好地进行"断舍离"；三"改"，即空间改造，对不合理的空间进行规划和改造；四"收"，将物品按照审美要求进行陈列，并做好科学收纳；五"交（教）"，向客户交付整理成果，并教授收纳技巧。

周瑜认为，不同于普通家政服务，整理收纳师既要有较强的动手能力，也要有较强的学习能力和认知水平，包括奢侈品认知、美学知识、空间规划能力、沟通能力和营销能力等。在她看来，随着人们生活水平的提高和行业的日渐规范，整理收纳师这个职业将得到越来越多的人的青睐。

请结合资料，谈谈整理收纳师的市场需求如何。

一、日常生活劳动的背景和意义

2018 年 9 月，习近平总书记在全国教育大会上提出"培养德智体美劳全面发展的社会主义建设者和接班人"，明确将劳动教育纳入人才培养全过程。数千年来中华民族勤劳勇敢、奋发图强，创造了灿烂的文明，取得了辉煌的成就，中国人民实现了从站起来到富起来再到强起来的伟大飞跃。新时代为劳动教育注入了新内涵，旨在引导学生从学会干、愿意干到习惯干，通过劳动感知、获悉、建立"劳动幸福观"。对于高校而言，重要的是要培养学生的责任心、创新力和创造力，让劳动教育成为培养高层次技术技能人才不可或缺的重要组成部分，成为弘扬

微课视频
日常生活劳动

"劳动光荣、技能宝贵、创造伟大"的时代风尚和践行社会主义核心价值观的有效途径。

马克思主义劳动观认为，"劳动是人类的本质特征和存在方式，是实现人的全面发展的重要途径"。这里的劳动是广义上的劳动，即人类认识世界、改造世界的实践活动的统称。当前，部分人对劳动教育还存在认识上的偏差，认为劳动教育是低学历层次的技能训练，将劳动教育"窄化"为体力劳动教育，这种想法容易滋生对体力劳动者的轻视心理。特别是对于职业院校而言，由于其鲜明的技术技能人才的培养定位，不少人认为职业教育就是传授劳动知识和技能、培养劳动能力的教育。然而，劳动教育的核心是培养劳动价值观、劳动情感和劳动精神，掌握经过抽象化、带有总括性的劳动科学知识，而不仅仅是具体的工作或专业的知识与能力培养。

"生活靠劳动创造，人生也靠劳动创造。"著名教育家陶行知先生曾倡导"生活即教育、社会即学校、教学做合一"。青少年阶段是人生的"拔节孕穗期"，需要精心引导和栽培。对于青年学生而言，在生活劳动中不仅可以掌握一些劳动知识、习得生活技能，还能培养一种生活态度和生活方式；不仅能深刻体会"劳动创造美好生活"的真谛，还能够涵养热爱劳动、勤俭节约、团结协作的优良品质；不仅可以磨炼顽强的意志、锻炼吃苦耐劳的精神，还能够增强自身的实践能力和创新能力；不仅可以更加自信快乐地面对当下的学习与生活，还能更有能力、更有勇气开启今后的幸福人生。

劳动创造人本身。培养学生的劳动意识、劳动习惯和劳动观念，对学生的健康、全面发展具有重大意义。加强劳动教育，需要家庭、学校及全社会达成共识，形成教育合力，营造浓厚的"劳动最光荣"的社会氛围。劳动教育的深入推进是一项系统工程，是全社会的共同责任，既要全面构建体现时代特征的劳动教育体系，广泛开展劳动教育实践活动，又要着力提升劳动教育的政策支撑，切实加强劳动教育的组织实施。这就需要家庭、学校和社会齐抓共管、同向发力，努力构建"家庭—学校—社会"相协同的劳动教育育人体系，打造、加强和改进新时代劳动教育的共同体。本节主要从学校、家庭、社会三个视角阐述如何在日常生活中进行劳动教育，多措并举地让劳动教育落地生根，使日常生活劳动成为青年学生的成长养料，让劳动教育凸显实效，从而绽放魅力。

二、日常生活劳动的类型

劳动是个人成长所必需的重要课堂。生活靠劳动创造、幸福靠劳动创造、人生也靠劳动创造。热爱劳动、尊崇劳动、勤奋劳动自古以来就是中华民族的传统美德，人类就是在刀耕火种的劳动淬炼中，实现了社会的发展和文明的提升。今天，新时代的劳动者应孜孜不倦学习、勤勉奋发干事，以求在百舸争流、千帆竞发的洪流中勇立潮头，在不进则退、不强则弱的竞争中赢得优势，在报效祖国、服务人民的人生中有所作为。

（一）家庭生活劳动

现在的孩子大多从一出生就是家中的"掌上明珠"，受到两代甚至三代长辈的共同关注。家长把家庭的未来寄托在孩子身上，希望孩子考上一所好大学，将来有一份好工作。为了不让孩子输在起跑线上，家长从幼儿园开始就让孩子参加各类培训班，却忽视了其自理能力的培养。到了小学、中学特别是高中，重应试教育、轻个性发展的现象愈演愈烈，部分学生"两耳不闻窗外事，一心只读圣贤书"，家长承担了孩子成长过程中本该由孩子自己承担的很多日常生活劳动。到了大学，孩子更被视为"天之骄子"。新生开学时，家长送其进入大学校园，为其购买日常生活用品、安排日常生活，有的甚至替孩子报道、缴费等，尽量包办孩子的一切，假期回家后也不让孩子参加家庭劳动。家长的过分溺爱和包办导致部分学生不爱劳动、不会劳动、不愿劳动。

由于家长包办生活和日常生活劳动教育的缺失等，部分学生对劳动缺乏认知，更没有劳动体验和劳动情感，导致其劳动意识淡薄。这种淡薄的劳动意识还滋生出一些不良习惯和行为，主要表现为不懂得感恩、不尊重劳动者、不爱护公物、不珍惜粮食、不守纪律、不讲卫生、难以融入团队等。有些学生没有把家庭的关爱、优越的条件当作成长的动力，认为不劳而获、坐享其成是应该的，虚荣攀比、拈轻怕重、逃避劳动，生活上经不起磨难，心理素质较差，一旦遇到困难和挫折就悲观失望、怨天尤人。

某地公布的一份调查结果显示，为了使自己的孩子有个好成绩，有64%的家长不让孩子做家务。调查还显示，经常帮父母做家务的孩子仅占1/4，且平均每天的劳动时间在半小时以内。73.97%的孩子在家里很少或根本不做家务。调查中，有42.73%的家长认为孩子学习很忙，没有时间做家务；有26.71%的孩子不想做家务;"家长不让做"的比重占18.69%;"孩子根本不会做"的比重占5.64%。

调查结果显示,孩子不参加家务劳动的主要原因是家长不让做。然而,如果孩子长期不参加家务劳动,就会养成"衣来伸手,饭来张口"的不良习惯,懒惰最后会导致孩子产生厌恶劳动的不健康心理。调研中,一些学生自己也认为,长期不参加家务劳动会产生依赖心理和对劳动的陌生感。但令人遗憾的是,一些不让孩子参加家务劳动的家长还没有认识到这一问题的严重性。

其实,让学生经常参加一些力所能及的家务劳动不仅不会影响学生的学习,反而会促进学生的健康发展。学生结束了一天的学习,回到家后,帮助父母拖地、洗碗、洗衣服,可以消除学习带来的紧张感,减轻疲劳程度,从而使其精力更充沛(图4-1-1)。而且,父母同孩子一起进行日常生活劳动,还是一个同孩子沟通的好机会。借助劳动,父母可以拉近和孩子之间的距离,亲情的交融会给孩子带来精神的力量。

图4-1-1　参与家务劳动

在未来的社会中,身体素质的好坏和劳动意识的强弱将是一个人能否取得成功的关键所在。如果让学生养成过分依赖父母、生活自理能力差、劳动观念淡薄等不良习惯,那么会对他们毕业后的成长成才带来不利的影响。学校可以将家务劳动列入学生的必修课程,对学生必做的家务劳动作出规定,将从事家务劳动开发成一个培养学生良好劳动习惯的教育渠道,让学生们都养成热爱劳动的良好习惯。

以家庭为主体,劳动教育生活化。著名教育家陶行知曾说:"好的生活就是好的教育,坏的生活就是坏的教育。"家庭是孩子接受教育的第一所学校,是孩子成长的起航地,因此家庭在劳动教育,尤其是日常生活的劳动教育中发挥着基础性作用。家长不仅是孩子的第一任老师,也是劳动启蒙的主导者,加强劳动教育需要家庭的全面参与和家长的全力支持。家长要充分认识到劳动所具有的教育价值,将劳动教育生活化,树立崇尚劳动的良好家风。家长通过日常生活的言传身教,潜移默化地引导孩子从小养成爱劳动的好习惯。抓住衣食住行等日常生活中的劳动实践机会,小到整理书桌房间、大到洗衣做饭,鼓励孩子自觉参与、自己动手,从点滴处培养孩子的劳动意识。同时,强化家庭教育与学校教育的协同,注重家校互动,让家长与学校在家庭劳动、勤工助学等方面达成共识。

从事家务劳动，有利于培养孩子的独立生活能力。掌握的生存技能越多，孩子的独立能力也就越强，从而增强孩子的自信心和适应能力，使孩子能够更好地解决生活中所遇到的问题。家务劳动可以锻炼孩子的身体协调能力、动手能力，而且有助于其逻辑思维能力和分析、判断、安排事情的统筹能力的提高，使其能够更快地接受新鲜事物。

家务劳动还可以锻炼孩子与人交流、合作的能力，培养其团队协作意识。在家务劳动中，孩子与父母面对共同的劳动任务和目标，经过沟通、分工、合作，最后在共同的努力下实现目标。在这个过程中，孩子锻炼了分析能力和沟通技巧，培养了合作意识和团结精神。

家务劳动还有助于调节家庭气氛，构建和谐氛围。孩子承担家务劳动后，会体验到家务的繁重与琐碎，切身体会到父母的不易，从而会更加珍惜现在所拥有的一切，懂得关心父母、体贴父母、孝敬父母。这样一来，对父母的抱怨、抵触就会减少，而且日常的共同劳动还会增加孩子对父母的信赖和感情，进而给家庭营造融洽、和谐、欢乐的气氛。

"兴趣是孩子最好的老师"，要想使孩子在做家务的过程中养成良好的劳动品质，首先要让孩子感受到做家务的乐趣，养成愿意做家务的习惯。

1. 转变劳动观念，树立正确的劳动观

劳动习惯应从小培养，可父母往往因为疼爱而包办一切，孩子长期只享受权利而不履行义务。学校应发动家长参与劳动教育，和家长讨论劳动教育的重要性，进行劳动习惯培养的交流。除了改变家长的观念，还要激发学生的劳动热情和兴趣。学校可通过文艺汇演等形式对学生进行劳动教育，把劳动的作用和重要价值通过生动的故事和有趣的表演体现出来，还可以通过新媒体、校园橱窗等宣传工具弘扬劳动精神，使学生积极投身于家务劳动。

2. 借助有趣的活动，引导学生热爱家务劳动

转变劳动观念后，要创造机会让学生参与家务劳动，结合学校和学生实际，有目的、有主题地组织丰富多彩的劳动教育活动。学校可以在每周选定一个时间作为劳动实践时间，指导学生习得劳动技能；还可以不定期举办劳动技能展示活动，组建劳动兴趣小组。如开展家务评比活动，通过活动表彰先进，引导学生热爱劳动，提高学生参加劳动的积极性和主动性。

3. 适时跟进评价，激励学生主动参与家务劳动

在指导家务劳动的最初阶段，评价、激励是非常重要的方式，教师和家长要及时总结、跟进评价，利用激励性的语言鼓励学生参与家务劳动，感受劳动的光荣。

而对于"对体力劳动有抵触心理"的少数学生我们也不能放弃。苏霍姆林斯基曾说："教育还是必须从让他们取得成绩开始。"因此，要让学生在能够取得一点成绩的地方开展劳动。教师和家长也应帮助学生选择合适的劳动领域，及时肯定他们取得的成绩，只有这样才能培养其热爱劳动的精神。也就是说，学生一旦在家务劳动上取得了成绩、得到了肯定，就会产生劳动的兴趣。

（二）学校生活劳动

学校作为劳动教育的主阵地，应根据学生的身心发展情况，科学设计课内外劳动项目，采取灵活多样的形式，激发学生劳动的内在需求和动力。高校还应注重系统培育，根据不同年级学生的特点和需求，开设与家政、烹饪、手工、园艺、耕种、饲养、非物质文化遗产传承、康养服务等相关的劳动实践课程，培养学生形成自觉参与劳动的习惯，将劳动教育系统化、课程化、生活化。现如今，不爱劳动、不会劳动、不珍惜劳动成果的现象出现在部分青年学生之中。例如，有的学生平时逃课睡觉、应付作业，导致不断补考，甚至抄袭作弊；有的学生消费超前、大手大脚、攀比享乐，一毕业就加入"啃老族""月光族"；有的学生吃不了苦、受不了累，对工作毫不上心，缺乏工作能力；有的学生追求不切实际的薪酬待遇，随意毁约、频繁跳槽；有的学生认为脑力劳动高于体力劳动，甚至产生鄙视普通劳动者的想法；有的学生寝室脏乱差，但是不愿意整理……上述诸多现象，均与学生缺乏相应的劳动教育有关。

新时代的劳动教育不仅要培养学生吃苦耐劳、埋头实干的劳动精神，还要在劳动实践中引导学生发现问题、开展研究、整合知识、解决问题，变单一的劳动为创造性劳动，提升创新精神。高等教育作为培养高素质劳动者的重要阶段，更需要在提高学生的劳动素养上用力，补齐高校劳育这块短板。因此，在日常生活劳动教育上，高校应该从以下几个方面着手。

1. 丰富学校生活劳动的内容

丰富劳动教育内容，从根本上改变教育模式，从应试教育转向素质教育。高校不仅要引导学生关注理论知识，也要重视各种劳动实践。将各类劳动实践课程纳入必修课，让懂得劳动、热爱劳动成为新时代青年学生的基本技能和素养。确保劳动教育在教育体系中占据更重要的位置，让劳动有价值、劳动者光荣等成为重要的价值取向。总的来说，学校的生活劳动可以有多种方式。

（1）自理型日常劳动。高校在倡导学生参与各种力所能及的体力劳动的同时，还要开展生活自理型劳动。这些劳动除了要求学生注重自身衣着整洁、勤于打扫宿舍环境（图4-1-2），还包括教室、食堂、图书馆、卫生间等公共区域的清扫。此外还可以经常开展"劳动之星""文明宿舍""最美大学生""劳动模范班"等评比活动，树立先进典型。

（2）服务型岗位劳动。高校可以有计划地提供部分具有服务性质的劳动体验岗位，让学生参与校园生活劳动。这些劳动岗位可以是学校的保安、食堂及宿舍的服务和管理人员等。

（3）探索型特色劳动。学校可以因地制宜，组织、指导学生进行相关农作物的种植、饮食烹调、家畜及家禽的养殖等活动。这种探索性的劳动能让学生在体验劳动乐趣的同时，

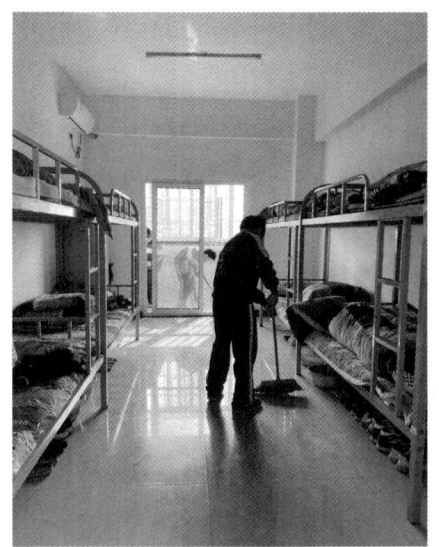

图4-1-2　打扫宿舍卫生

切身感受到一黍一饭的来之不易，由此培养学生勤俭节约的生活作风，形成崇尚劳动、尊重劳动的品质。

2. 创新学校生活劳动的方式

大学生的学习和生活都在集体中进行，高校应结合自身的特色和大学生集体生活的特点，创新日常生活劳动的教育方式，促使学生积极参与集体劳动，在集体劳动中培养团结协作的意识和荣辱与共的集体荣誉感。实训室是高校学生学习技能的主要场所，保持良好的实习实训环境是每位学生应尽的责任和义务（图4-1-3）。制定实训室卫生检查评比制度，可以督促学生进入实训室后自觉遵守各项卫生制度，培养良好的卫生习惯；制定实训室卫生值日制度，可以引导学生参与实训室的环境卫生打扫与维护，培养规范的劳动行为。此外，还可以让学生深度参与产学研平台、大学科技园、众创空间等场所的集体劳动活动，使其在具体的劳动实践中感受集体之力、劳动之美，进一步培养其劳动意识、劳动理念、劳动态度、劳动习惯。

图4-1-3　干净整洁的实训室（信息技术专业）

3. 制定科学的考核体系

制定科学合理且契合新时代劳动教育发展要求的考核评价体系，是促进劳动教育深入推进的动力和保障。制定将平时考核、学期考核、学年考核相结合的评价体系，平时考核注重劳动效果，学期、学年考核注重总结性等级评定；建立优秀评选、学分认定、劳育与德育综合评价及特殊岗位节假日有酬劳动等考核奖励机制。

生产劳动

案例导引

艾爱国：身怀绝技的钢铁"焊"将

一位70多岁的老人终日奋战在高温火花中，只为给我国焊接事业贡献力量，他就是艾爱国。从世界最长跨海大桥——港珠澳大桥，到亚洲最大深水油气平台——南海荔湾综合处理平台，这些著名的超级工程中都活跃着他的身影；从助力中国船舶制造业提升国际竞争力，到突破国外企业"卡脖子"技术、填补国内技术空白，都离不开他的焊接绝活。

"做事情要做到极致，做工人要做到最好"，这是他一直秉持的信念。左手面罩，右手焊枪，数十年坚守在焊工岗位，艾爱国为冶金、矿山、机械、电力等国家重点行业攻克技术难关400多项、改进工艺120多项。此外，他还有多本理论著作、数十万字的技术笔记等，这些数据忠实地记录了一位焊接领域"领军人"的成长轨迹，也记录了一位大国工匠在服务国家战略发展过程中焕发出的魅力。

心心在一艺，其艺必工；心心在一职，其职必举。如今，年过七旬的艾爱国仍奋斗在科研生产第一线，在专业的不断精进与突破中演绎着"能人所不能"的技艺，他用50多年的时间实现了自己最初写下的"攀登技术高峰"的目标，也将自己活成了一座高峰。

请结合资料，谈谈精良的专业技术对从事生产劳动有何重要意义。

一、大学生生产劳动的背景和意义

党的十八大以来，在传承马克思主义劳动教育观、立足中华大地的教育实践中，习近平总书记围绕青年学生奋力实现中华民族伟大复兴、培育大国工匠、点赞劳模精神等发表了一系列重要讲话，强调了教育与生产劳动相结合的重要性。生产劳动作为劳动的一项重要形式，更是培育劳动精神、提升职业道德和职业能力的主渠道。大学生作为未来的高素质人才，更应注重理论与实践相结合，在生

微课视频
生产劳动

产劳动中培养自身的精神风貌。

　　作为未来各行各业的储备力量，大学生既需要接受与本专业相关的理论知识，为未来从事相关的生产性活动提供理论支撑；也需要在实训时进行适当的生产劳动实践，为将来走出校园积累技术技能。在不违反法律法规和伦理道德的前提下，大学生应通过发挥自己的智慧和能力开展必要的生产劳动，这不仅是一项具有创造性的劳动活动，而且对未来的职业发展也具有重要价值。

（一）培育新时代大国工匠的现实需要

　　教育的根本任务在于立德树人，这不仅包括培育学生的爱国情怀、使其树立远大理想等宏观目标，也包括弘扬劳动精神、教育引导其崇尚劳动、尊重劳动等具体目标。习近平总书记指出，"要在学生中弘扬劳动精神，教育引导学生崇尚劳动、尊重劳动，懂得劳动最光荣、劳动最崇高、劳动最伟大、劳动最美丽的道理，长大后能够辛勤劳动、诚实劳动、创造性劳动"。实践出真知，劳动长才干。鼓励大学生从事生产劳动属于"职前教育"，是对学生在走上未来工作岗位之前的一项预热性实践活动。鼓励大学生从事生产劳动，其最核心、最本质的意义并不在于要求大学生在校期间创造可观的物质财富，而在于通过生产劳动使其能够掌握生产技能，树立科学、正确的劳动观，从而提升其对参与社会生产的内在热情和劳动积极性。

　　习近平总书记强调，"一切劳动者，只要肯学肯干肯钻研，练就一身真本领，掌握一手好技术，就能立足岗位成长成才，就都能在劳动中发现广阔的天地，在劳动中体现价值、展现风采、感受快乐"。这里所说的劳动主要是生产劳动。这一论述将劳动与练就过硬本领、实现成长成才、贡献社会价值联系起来，为当代大学生提升个人综合素质提出了更高的要求。大学生作为未来的劳动者，"不仅要有力量，还要有智慧、有技术，能发明、会创新，以实际行动奏响时代主旋律"。这些论述充分表明，高校要落实立德树人根本任务，必须强化生产劳动教育，引领学生进行生产劳动实践，使其在价值观念上认可生产劳动在推动社会进步、实现个人发展等方面的重要价值，激发学生对生产劳动的热情，破除其对"网红"等职业和"一夜暴富"等观念的盲目迷信，更好地培育和发扬勤俭节约、脚踏实地、艰苦奋斗、勇于创新的精神。

（二）大学生职业化发展的必由之路

　　在校学习期间，大学生通过接受系统化的学习，将前人创造的知识财富以理论的形式进行储备，通过实习实训不断提升实操技能。教育作为社会发展的重要推动力，需要不断调整教育内容，以满足社会发展的需要。职业教育作为教育的重要类型，在不同时期有不同的侧重点。中华人民共和国成立初期，在学习苏联推进工业化的背景下，我国为了快速填补人才缺口，将重心放在培养周期短、人才实用性强的中等职业教育上。一直到20世纪末，中专、技校、职业高中一直是职业教育的主力。在当时国民受教育程度普遍不高的现实背景下，这些学校通过培训生产技能，在提高全民科学文化素质、提升劳动者生产能力、推动社会经济发展等方面产生了重要作用。

随着我国现代职业教育体系的全面建成，特别是我国进入新的发展阶段，产业升级和经济结构调整不断加快，各行各业对技术技能人才的需求越来越紧迫，培养高素质劳动者和技术技能人才已势在必行。在这一背景下，怎样使教学过程与生产过程相对接、怎样使学生的理论素养和生产实践素养同步提升、怎样培养大国工匠、能工巧匠，不仅是各高校需要回答的问题，也是每一位学生应当关注的重要问题。随着"云计算""大数据""人工智能"等新技术的涌现，社会生产已日益表现出知识密集型、科学密集型的特征。面对日趋激烈的竞争环境，企业为了尽快实现财富和价值的转化，在人才招聘中对学生的生产劳动能力越发关注（图4-2-1）。"招之即来，来之能用，用之必胜"是许多用人单位对当代毕业生的基本要求，"逐步适应""边做边学"等心态对于学生而言，除了带来自我安慰，已渐渐失去社会的生存土壤。在这种情况下，学生只有在校期间积极参加生产劳动，不断提升实践能力和创新精神，才能适应当前经济社会发展和产业升级的需要。

图4-2-1 提升专业技能

二、大学生生产劳动的类型

"生产劳动"与"非生产劳动"相对应，前者是指创造物质财富的劳动，如工业、农业、交通运输业、建筑业等领域的劳动；而不创造物质财富的劳动，如教师、医生、演员等人从事的就是非生产劳动。与此同时，"生产劳动"又是一个政治经济学术语。首先，就生产的一般过程和目的而言，生产劳动是劳动力与生产资料相结合，通过改造劳动对象，生产具有一定使用价值的劳动。其次，从我国的实际情况出发，生产的目的是要能够满足人民群众日益增长的美好生活需要，只要符合这一目的的劳动都可以视为生产劳动。因此，当代学生从事的生产劳动主要包括：一是熟练运用生产资料，即从事使用生产工具的生产劳动；二是善于改造劳动对象，即积极探索具有创造性的生产劳动；三是明确生产劳动的社会主义性质，即从事能够创造社会价值的生产劳动。

（一）使用生产工具的生产劳动

生产工具又称劳动工具，是在生产过程中用来直接对劳动对象进行加工的物件。对于农民而言，生产工具有锄头、镰刀、拖拉机、独轮车等农用工具；对于产业工人而言，生产工具有叉车、挖掘机、切割机、数控机器人等机电设备。高校主要采取理论学习为主、生产实践学习为辅的学习形式，虽然不必像职业农民、产业工人那样"精通十八般武艺"，长期使用生产工具从事生产劳动并获得收益，但从学校的人才培养规划和个人的职业道路发展等角度来看，学生依然需要掌握使用一定的生产工具的能力，为未来的职业道路打下坚实的基础。这其中主要包括以下两种能力。

一是掌握使用与本专业相关的生产工具的能力。例如，信息安全与管理专业的学生可能需要精通数据恢复、系统风险评估和灾难恢复技术，掌握操作系统安全配置、网络安全系统集成、Web 系统安全开发、信息安全产品配置与应用、网络安全运行与维护等技术；汽车制造与装配技术专业的学生可能需要掌握汽车构造、机械制图、汽车电器系统装配与调试、汽车整车装配与调试、汽车车身制造技术、汽车电控系统诊断与调试、汽车制造工艺设计等技术。强调掌握与本专业相关的生产工具的能力，不仅能够体现本专业学生区别于其他专业学生的重要特质，而且是大学生未来从事专业化的生产劳动所必需的实践基础。大学生在校期间必须以掌握使用本专业生产工具的能力为基本目标，不断锤炼专业技能，提升专业核心竞争力。

二是掌握使用能够拓展职业发展道路的生产工具的能力。人的全面发展包含人的劳动能力的全面发展，大学生通过掌握使用与本专业相关的生产工具，可以将自己培养成为"一"字形人才，即熟练掌握某一项专业知识，可以发展为专业中的技术骨干，但知识面相对狭窄。但从多元化发展的角度来看，用人单位更需要的是"十"字形人才，即既有较宽的知识面，又在某一领域有比较深入的研究；既能在本专业独当一面，也能在相关领域有所作为，在紧急关头还能充当"补锅匠""救火队长"。面对这一现实要求，大学生要学会树立"破立结合"的思维，跳出自己的专业思维局限，结合未来的职业发展需求，适度关注并掌握其他专业的生产工具。例如，计算机行业的从业人员未来可能会拥有自己的私家车，所以也需要掌握一定的汽车维修与保养知识；汽车维修与服务行业的从业人员也可能需要借助计算机进行绘图设计和数据处理，所以也需要掌握一定的信息技术。在社会化生产高度发达的今天，各行各业之间存在着千丝万缕的联系，大学生要提早认清这一现实，在校期间做好相应的准备。

（二）创造性生产劳动

创造性，在思维上是指既不受现有知识的限制，也不受传统方法的束缚，通过推理、想象、联想等方式，多角度、多侧面、多层次、多结构地思考和寻找答案；在行为上是指能够发明新事物，生产新奇独特的、有社会价值的产品。因此，创造性生产劳动实质上是指劳动者将脑力劳动和体力劳动相结合，促进技术、知识、思维的革新，从而提升劳动效率，生产具有一定创造性的、新的社会财富或成果的劳动。2022 年，中共中央办公厅、国务院办公厅印发了《关于深化现代职业教育体系建设改革的意见》，明确指出要"把推动现代职业教育高质量发展摆在更加突出的位置，坚持服务学生全面发展和经济社会发展……有序有效推进现代职业教育体系建设改革，切实提高职业教育的质量、适应性和吸引力，培养更多高素质技术技能人才、能工巧匠、大国工匠"。这表明，社会对职业院校学生职业能力的评价很大程度上取决于其技术技能。学生从事的创造性生产劳动可以具化为以产业发展需求和市场发展需求为导向，以产教融合、校企"双元"育人为依托，以创新创业、技能竞赛为主要形式的劳动。

第一，创新创业型生产劳动。对于学校而言，创新创业教育是高校的重要办学任务；对于大学生个人而言，创新创业素质是专业发展的核心素质。大学生从事创新创业型生产劳动，一是要明确创新创业的目的。学生应当具有敏锐的问题意识，对学习和工作保持敏锐的洞察力，时刻关注并分析挖掘现象背后的问题，将问题转化为解决办法，同时还要打破因循守旧的惯性思维，学会用新的视角和方法来看待日常的事务。二是要积极参加学校的实践类课程，主要是指实习实训课、创新实训课、创业实训课等。学生通过参与课堂上的角色扮演、实际操作、模拟任务等活动，了解创新创业的基本环节，了解市场竞争和商业行为，掌握创新创业前期规划、模块化任务分析、多角度问题探讨、各类资源整合等能力。三是积极参加学校搭建的各类创新创业平台，充分利用众创空间、创业孵化园等场所提供的创新创业支持，如资金补贴、注册服务、硬件设施支持等，这些支持能够起到很好的兜底作用。

第二，职业技能大赛型生产劳动。高层次技术技能人才是宝贵的战略资源，如果说创新创业型生产劳动是不同专业的同台竞技，那么职业技能大赛型生产劳动则是同专业、同行业之间的"王者对决"（图4-2-2）。每一名立志在本专业有所建树、提升专业素质的学生，都应从以下几个方面进行努力：一是要树立正确的参赛观，不能把获奖作为参赛的唯一目的，而是要以赛促学、以学促用，把技能竞赛视为向同专业同学学习交流的重要平台，在竞赛中查

图4-2-2   技能成才技能报国先进事迹报告会

缺补漏，找到自己在专业技能上的不足之处，为进一步提高自身的专业水平找准方向。学生通过积极参与、组建团队，可以检视自己的创新创业能力，向更优秀的选手、团队学习取经。二是要与未来的职业发展相结合。技能竞赛种类繁多，即使同专业内部也存在多个研究方向和分支，如果奢求用短短三年的学习时间熟练掌握本专业的所有知识，极有可能造成"一"字形发展。因此在技能大赛的选择上要明确目标，突出重点，精心准备，力争与未来职业发展相结合，切实提升自己的就业优势。三是要关注校企合作型的竞赛平台。随着产教融合、校企"双元"育人的深入推进，一些企业也以赞助或主办技能大赛的形式走进校园，一方面是为了宣传企业文化，另一方面是为了储备、挖掘人才。从就业的角度来看，学生参加企业赞助或主办的技能竞赛，可以与用人单位有效对接，既能展现自己的技术技能水平，也可以作为拓展就业渠道的有效方式。

陈某是一名95后的大学生，在看了《中国青年报》刊载的一篇题为《西部计划：一部用志愿精神灌溉西部的青春史》的文章后，她决心参加"西部计划"做志愿者，到西部基层去，到祖国需要的地方去，实现自己人生价值。就这样，陈某从上海来到"山城"重庆，开启了一段不平凡的志愿旅程。

服务基层，奉献青春。怀着满腔的热情来到了重庆，陈某开始了志愿服务工作。尽管在来之前陈某已经做好了心理准备，但在得知自己被分到乡镇的时候，心里还是有一些担忧：工作能不能胜任？环境能不能适应？自己能不能坚持下来？

陈某刚到重庆，不会说也听不懂当地方言，对周边环境也不熟悉。领导将其安排在党政办协助事务，以便她在熟悉工作的同时能快速熟悉镇上的情况。为了尽快进入工作状态，陈某主动要求接听来访电话，在多听方言的同时，她还请重庆当地的室友教她讲重庆话，很快她就解决了语言这个难题。

任劳任怨，精益求精。基层工作没有惊天动地的壮举，没有感人至深的事迹，只有繁重细碎的工作。在基层进行党政工作，知识面窄不行、思路不清不行、理论水平不高不行，但光有这些还不够，还必须具备扎实的文字功底、严谨细致的工作作风和埋头苦干的奉献精神。工作以来，陈某始终坚持高标准、严要求，先后独立或参与起草了镇上党员教育大会和各类动员、总结大会等一系列重要会议的材料，并在建设"旅游强镇"的工作中发挥了积极作用。陈某一直告诫自己：只要尽最大努力做好每一个细节，就没有干不成的事。

传承梦想，用爱奉献。陈某先后走访慰问贫困户8次，为他们送去关爱；多次参与临江河、寻河的治理活动中；组织并参与了新春关爱贫困留守儿童的活动。陈某在孩子心中种下了"爱和希望"的种子。她相信这些种子在春暖花开时节必将绽放出五彩斑斓的花朵。

请结合资料，谈谈从事服务性劳动能收获什么。

微课视频
社会劳动

　　劳动是人类社会生存和发展的基础，劳动既是人类创造并积累财富的过程，也是人类自我创造、自我完善的过程。服务性劳动是利用知识、技能等为他人和社会提供各种帮助和服务的一种社会劳动。大学生通过在服务性岗位上实习，可以树立服务意识，实践服务技能；在公益劳动、志愿服务中强化社会责任感和奉献精神。服务性劳动是高校劳动教育实践方式的重要组成部分，准确理解和把握服务性劳动的实践意义、方法和途径具有重要的价值。

一、服务性劳动的背景和意义

　　劳动教育要以习近平新时代中国特色社会主义思想为指导，全面贯彻党的教育方针。高校要贯彻落实全国教育大会精神，落实立德树人根本任务，坚持培育和践行社会主义核心价值观，将劳动教育纳入人才培养全过程，贯通学校生活的各个阶段，贯穿家庭、学校、社会各方面，与德育、智育、体育、美育相融合，紧密结合经济社会发展变化和学生生活实际，积极探索具有中国特色的劳动教育模式，创新体制机制，注重教育实效，促进学生知行合一，形成正确的世界观、人生观、价值观。劳动是人类生存的基础，也是社会关系形成与发展的前提，更是人自身发展的决定性要素。劳动是财富的源泉，也是幸福的源泉，这是马克思主义劳动观的基本原理。尽管新时代人类的劳动形态发生了较大变化，但马克思主义劳动观的基本原理并没有改变。

　　劳动教育是中国特色社会主义教育体系的重要组成内容，直接决定社会主义建设者和接班人的劳动精神面貌、劳动价值取向和劳动技能水平。实施劳动教育重点是在系统的文化知识学习之外，有目的、有计划地组织学生参加日常生活劳动、生产劳动和服务性劳动，让学生动手实践、出力流汗、接受锻炼、磨炼意志，培养学生正确的劳动价值观和良好的劳动品质。

　　中国特色社会主义进入新时代，随着生产力发展、技术革新、文化进步和教育提升，传统劳动方式和组织形态发生了深刻变革，劳动越来越呈现出创造性、协作性、非物质性的特点。高校应注重围绕创新创业，结合学科和专业积极开展实习实训、专业服务、社会实践、勤工助学等活动，重视新知识、新技术、新工艺、新方法的应用，创造性地解决实际问题，使学生增强劳动意识，积累职业经验，提升就业创业能力，树立正确的择业观，具有到艰苦地区和行业工作的奋斗精神，懂得空谈误国、实干兴邦的深刻道理。服务性劳动能够使学生理解和形成马克思主义劳动观，体会劳动不分贵贱，劳动创造美好生活的道理，热爱劳动，尊重普通劳动者，培养勤俭、奋斗、创新、奉献的劳动精神；具备服务他人、实现自我所需要的劳动能力，形成良好劳动习惯。

（一）培养大学生团队协作意识

高校在组织学生开展服务性劳动时，并不需要学生参与劳动强度非常高的活动，但活动设计要注重培养学生的团队意识和协作能力。在整个劳动过程中，所有参与者需要共同完成一个目标，并能够在尊重个性化发展的基础上，增强个体的团队合作意识。在这样的活动中，学生们既要以团队的形式完成临时性任务，又要保证实现活动的最终目标；既要发挥个体的作用，又要合作完成团队的集体任务，从而进一步增强其团队协作意识。

（二）培养大学生社会责任意识

从与弱势群体、边缘人群、贫困地区的接触中，以及与不同层面、不同类型的人的交流中，大学生可以对国情、民情有切身的体验和感受，从而提高对事物的理解力、判断力，自觉萌发出建设社会主义现代化国家的责任感和使命感，而这也是树立社会责任感的原动力和内驱力。

（三）增强大学生民族忧患意识

大学生在参加社会劳动时既可以在潜移默化中接受教育，又可以通过亲身体验端正思想认识、拓宽视野，增强忧患意识，以及为国家和民族发展贡献力量的责任感。

二、服务性劳动的类型

马克思在《关于费尔巴哈的提纲》中说："哲学家们只是用不同的方式解释世界，而问题在于改变世界。"这句刻在马克思墓碑上的话深刻地揭示了实践的重要性，它要求人要运用力量去改造社会。服务性劳动的类型尚无统一的标准，目前主要有"三下乡"社会实践活动、西部志愿计划等。这些活动侧重于引导学生扎根基层、走向农村、走进西部不发达地区，学有所用，为社会进步贡献青春力量。

（一）社会服务劳动

社会服务劳动是指以提供劳务的形式来满足社会需求的活动。在当前，它主要是指在教育、医疗健康、养老、托育、家政、文化和旅游、体育等社会领域，为满足人民群众多层次多样化需求，依靠多元化主体提供服务的活动，它事关广大人民群众最关心、最直接、最现实的利益问题。

大学生主要的社会服务是指志愿服务，即在不求回报的情况下，为改善社会、促进社会进步而自愿付出个人的技能、时间及精力所做出的服务工作。我国的志愿服务活动开始于1978年，1993年年底，共青团中央开始组织实施中国青年志愿者行动，中国的志愿服务进入有组织、有秩序的发展阶段。中国青年志愿者行动实施以后，志愿服务广泛发展，全社会对志愿服务的认知程度已大大提高

图 4-3-1   志愿者精神

（图4-3-1）。全国志愿服务信息系统显示，截至2021年10月30日，我国志愿者总人数达2.17亿人，平均每一万人中就有1 544人注册成为志愿者，约占总人口比例的15.4%。其中，14岁至35岁的注册志愿者已超过9 000万人。青年志愿者参与志愿服务的类型十分丰富，有社会公益服务、关爱扶助服务、环境保护服务、社区发展服务、乡村振兴服务、成长辅导服务等。从社区管理到大型赛事、从扶贫助困到卫生健康、从应急救援到文化传承，青年志愿者服务已覆盖经济社会发展、治理创新、文明进步、民生改善的方方面面，这支队伍日益成为正能量的倡导者、新风尚的践行者。调查数据显示，在2022年北京冬奥会期间，共有1.8万余名赛会志愿者和20余万人次城市志愿者参与服务，青年志愿者是其中最活跃、最突出的先锋力量。

志愿服务是强化学生社会责任意识、规则意识、奉献意识的需要。2022年10月16日，习近平总书记在党的二十大报告中明确指出，要完善志愿服务制度和工作体系。在社会服务中，奉献精神是高尚的，是志愿服务精神的精髓。大学生通过参与志愿服务，可以强化社会责任意识、规则意识和奉献意识，在促进社会进步的同时也能提升自身的能力。

（二）"三下乡"社会实践劳动

"三下乡"是指"文化、科技、卫生"下乡，这是各高校在暑期开展的一项旨在提高学生综合素质的社会实践活动。其中，文化下乡包括图书、报刊下乡，送

戏下乡，电影、电视下乡，开展群众性文化活动；科技下乡包括科技人员下乡、科技信息下乡，开展科普活动；卫生下乡包括医务人员下乡，扶持乡村卫生组织，培训农村卫生人员，参与和推动当地合作医疗事业发展。

"三下乡"活动的参与主体是全国大中专院校的青年学生。追根溯源，"三下乡"活动萌发于 20 世纪 80 年代初，是我国以青年学生为目标人群开展的社会实践教育活动。早在 1982 年，北京大学就在全国高校中率先开展大学生暑期社会实践教育活动，其目的在于引导青年学生在服务经济建设和社会发展的过程中充分认识国情、深入了解社会、全面提升素质。1987 年，共青团中央在《关于改进和加强高校团的思想政治工作的若干意见》中，将青年学生参与社会实践确定为思想政治工作的重要内容、形式和方法，并强调社会实践活动是促进广大学生全面发展、走健康成才之路的有力措施，也是改进和加强思想政治工作的有效途径。1996 年始，中央宣传部、中央文明办、教育部、科技部、司法部、农业部（现为农业农村部）、文化部（现为文化和旅游部）、新闻出版署、共青团中央、全国妇联和中国科协等 14 个部委联合开展了青年学生"三下乡"活动。

"三下乡"社会实践就是以实际行动服务"三农"，具有极强的现实意义。大学生通过"三下乡"活动将所学的知识应用于农村社会实践，达到理论联系实际的目的，并在这一过程中培养分析问题、解决问题的能力。"三下乡"活动能有效地把发展经济、建设小康和扶贫攻坚结合起来，把为农村中心工作服务、为农民致富服务和学生的教育结合起来，提升其综合素质，实现多方共赢。

大学生"三下乡"活动给农村带去了先进的科技知识，协助培养新型农民，促使农村地区利用先进科技进行农业生产，为农村经济的发展提供了强有力的保障，也在无形中减轻了国家对农村科技投入的压力，对新农村建设有着重要作用。在"三下乡"活动的开展过程中，大学生将所学的科技文化知识带入农村地区，不仅丰富了农民的精神文化生活，也传播了社会主义先进文明，有助于营造社会主义新农村的良好氛围。大学生通过"三下乡"活动能深入了解农民的现状，认识现阶段农村所面临的困境，思考未来农村的出路和发展方向，激发他们的社会责任感，引导其毕业之后去农村创业，为农村的发展提供可持续的不竭动力。

"三下乡"活动的内容主要包括义务支教、科技普及、群众文化等。农村教育普遍存在资源有限、师资力量薄弱等特点，在一些偏远的农村甚至存在很多中青年文盲。大学生通过义务支教为农村学生开展体育、美术等素质教育，教授技术技能，帮助农村学生提高综合素质。近年来，随着对留守儿童的关注度提高，也涌现了一些为留守儿童义务家教的活动。

同时，大学生可以通过宣讲等方式开展科普扫盲，缩小数字鸿沟，引导其成为新型农民。目前，我国农村已经从传统的生产方式向现代化农业生产方式转变。在这个过程中，急需掌握技术技能的高素质人才。大学生的专业技能应用性强，可以通过"三下乡"活动向农民传播新科技，帮助农民创业增收。群众文化是以基层大众为主体的社会性文化，在社会生活中，群众文化无处不在、无时不有，它是人民群众自我娱乐、自我教育、自我完善、掌握和创造文化艺术的活动。但是，我们应当看到，与城市相比，农村基层的群众文化依然存在发展不平衡、文化资源缺乏、活动难以实施等问题，虽然农村基本都拥有活动场地，但使用率不高，发挥的作用不大。大学生可以通过"三下乡"活动活跃农民的群众文化，丰富农民的精神生活。

（三）参加西部计划志愿服务

大学生志愿服务西部计划（简称"西部计划"）是由共青团中央、教育部、财政部、人力资源和社会保障部共同组织实施的一项重大人才工程。自 2003 年实施以来，项目已累计招募了 41 万余名高校毕业生和在读研究生，到西部基层开展基础教育、服务三农、医疗卫生、基层青年工作、基层社会管理、服务新疆、服务西藏等方面的志愿服务工作，在全社会尤其是青年中唱响了到西部去、到基层去、到祖国和人民最需要的地方去的时代旋律（图 4-3-2）。

图 4-3-2　参与"西部计划"的大学生志愿者

西部计划的服务内容主要包括支教、支医和支农。支教是指志愿者主要在西部地区贫困县的乡镇中小学校从事为期 1～2 年的教育和教学管理工作；主要招募应届高校毕业生和在读研究生，优先选拔师范类专业学生。支医是指志愿者主要在西部地区贫困县的乡镇卫生院及部分县级医院、防疫站从事为期 1～2 年的医疗卫生工作；主要招募医学类专业应届高校毕业生、在读研究生。支农是指志愿者主要在西部地区贫困县的乡镇农业（林业、水利）技术站从事为期 1～2 年的农业科技扶贫工作；主要招募农业、林业、水利等专业的应届高校毕业生、在读研究生。

实施志愿服务西部计划有重要的现实意义。一方面，可以在一定程度上缓解当年的就业压力。另一方面，学生通过志愿服务西部，可以了解西部，从而选择西部。胡锦涛同志曾就志愿服务西部计划做出批示："高校毕业生是国家宝贵的人才资源。实施大学生志愿服务西部计划，有利于开辟高校毕业生健康成长的新途径，有利于推动西部地区的经济社会发展。"习近平总书记也曾在给河北保定学院西部支教毕业生群体代表的回信中表示："希望越来越多的青年人以你们为榜样，到基层和人民中去建功立业，让青春之花绽放在祖国最需要的地方，在实现中国梦的伟大实践中书写别样精彩的人生。"他强调，同人民一道拼搏、同祖国一道前进，服务人民、奉献祖国，是当代中国青年的正确方向。

青年学生志愿服务西部计划的宗旨是志愿者通过西部计划在西部基层经过几年的锻炼和学习后，最终选择扎根西部、扎根基层。西部计划志愿者在服务期间的工作内容与传统意义上的志愿服务有所不同。在传统意义上，志愿服务是通过志愿者志愿贡献个人的时间及精力，在不为任何物质报酬的情况下，为改善社会、促进社会进步而提供的服务。而西部计划的志愿者主要通过自身所掌握的扎实的专业知识、吃苦耐劳的品质和较高的综合素质为西部基层地区的事物性和日常性工作带去先进的生产力和生产关系。

💬 **讨论交流**

1. 近年来，国家高度重视高素质人才队伍的建设工作，但为什么许多年轻人还是不愿意到生产一线从事技术技能工作？

2. 现如今，青年志愿者积极开展服务性劳动。但部分学生是为了换取社会实践学分，还有部分学生是为了让履历更加出彩。对此，你怎么看？

一、活动目标

通过评选文明宿舍，激励学生定期开展内务整理、卫生清洁等活动，提升其自我管理能力和自律意识，促使其养成良好的生活习惯，营造干净整洁的宿舍环境，从而实现劳动育人、环境育人的目标。

二、活动准备

扫帚、抹布、拖把、刷子、收纳盒等清洁、美化用具。

三、活动内容

确定活动周期，通过电视墙、学校公众号及班会等形式，明确开展"清洁—检查评比—表彰"等系列活动的时间、内容、要求和意义，根据实际情况评选出"文明宿舍""温馨宿舍""最美宿舍"等优秀宿舍，并对其进行表彰。活动结束后进行现场交流，分享活动中的趣事。

四、注意事项

（1）制定好卫生标准及评选规则，确保所有在校生积极参与。

（2）明确化学清洁用品的正确使用方法，注意安全。

（3）整理高处物品时应做好相应的保护措施，严禁违规登高。

五、活动体会

填写并提交"实践活动表"，为宿舍管理提出建议，针对环境与个人的关系、个体劳动与集体劳动的差异等话题谈谈自己的想法和体会。

活动名称	创建文明宿舍
宿舍编号及成员	
荣誉称号	□文明宿舍　□温馨宿舍　□最美宿舍　□其他：＿＿＿＿＿＿
劳动内容	
劳动趣事	
宿舍管理建议	
活动体会	

实践训练卡

第五章

劳动安全和急救常识

思想领航

　　安全生产是民生大事，一丝一毫不能放松，要以对人民极端负责的精神抓好安全生产工作，站在人民群众的角度想问题，把重大风险隐患当成事故来对待，守土有责，敢于担当，完善体制，严格监管，让人民群众安心放心。

——习近平

第一节	劳动安全及保护

案例导引　　　　　　　　　　小失误酿成大灾难

　　某校学生王某与李某在实习期间，被安排到一家公司使用油压机压制一批铁板。带班师傅明确了工作要求，对他们进行安全教育，然后让他们开始工作。王某和李某工作一会儿后，觉得没有必要一人操作、一人监护，于是两人借师傅去旁边指导其他同学之际悄悄分工，王某负责放物料，然后通知李某，李某得到王某的指令后再操作把手冲压。尝试几次之后，两人觉得已经熟练了，逐渐放松警惕，开始一边工作一边聊天。一次王某在放料时，李某正与旁边的同学小声炫耀两人的分工与效率，所以未听清王某的指令就操作了压杆，导致王某的手被铁板下胎膜击伤，造成骨折。

　　请结合资料，谈谈这起事故为什么会发生？事故的责任主体是谁？

一、劳动安全常识

（一）劳动安全的内涵

1. 劳动安全

劳动安全又称职业安全，是劳动者在职业劳动中享有的人身安全获得保障、免受职业伤害的权利，具体是指在生产劳动过程中，防止中毒、车祸、触电、塌陷、爆炸、火灾、坠落、机械外伤等危及劳动者人身安全的事故发生。

2. 大学生劳动安全

对于大学生而言，劳动安全是指在生产劳动、勤工助学、实习实训、实验活动、志愿服务等过程中防止发生财产损失和人身伤害，主要涉及岗位实习安全、勤工助学安全、社会实践安全、实验室安全等。要确保劳动安全，既要遵守学校和单位的相关规章制度，又要加强防护意识，做自己力所能及的事，牢固树立"安全第一，生命至上"的思想。

（二）劳动安全保障

劳动生产过程中存在着各种安全问题，这些安全问题有的是显而易见的，有的是潜在的。安全无小事，劳动者需要增强劳动安全意识和自救能力，学会在工作场所辨识危险因素，强化自我管理、自我保护的能力，防止意外伤害。

1. 劳动安全注意事项

为了防范各种各样的安全问题，劳动者在生产过程中应注意以下四个方面。

（1）明确生产任务，遵守安全操作规程，注意保密工作，严格遵守工作纪律，严格执行交接班制度、巡回检查制度，禁止脱岗。流水线工人在岗工作时需专注投入，禁止开展一切与生产无关的活动。

（2）工作时要积极主动、服从安排，对重大问题应事先向相关人员反映，协商解决，不得擅自处理。要认真执行岗位安全操作细则，防止刀伤、碰伤、砸伤、烫伤、踩踏、跌倒，以及身体被卷入转动设备等事故的发生。

（3）启动工作设备前必须全面检查有无异常，对于转动设备，应确认无卡死现象，保护设施完好，在确认无人从事作业后，方能启动运转。启动后如果发现异常，应立即检查原因、及时反映。如遇到紧急情况，应按有关规程果断采取措施或立即停运设备。

（4）严格遵守特种设备管理制度，禁止无证操作。要正确使用特种设备，开机时必须进行检查，发现不安全因素应立即停止使用并挂上故障牌。

2. 安全色和安全标志

安全色和安全标志是作业现场重要的提示信息，也是员工应掌握的基础的安全知识。当危险发生时，安全色和安全标志能够指示人们尽快逃离或者指示人们采取正确、有效的措施对危害加以遏制。

（1）安全色。安全色即"传递安全信息含义的颜色"，不同的颜色传达着不同的含义。

国家标准安全色规定红、黄、蓝、绿四种颜色为安全色。其中，红色表示禁止、停止，即"千万不能做"；黄色表示警告、注意，即"小心，否则容易出事故"；蓝色表示指令或必须遵守的规定，即"按照规矩做"；绿色表示安全、许可，即"可以这样做"（表5-1-1）。

（2）安全标志。安全标志是由安全色、几何图形和图形符号构成的，是用来表达特定安全信息的标记，分为禁止标志、警告标志、指令标志和指示标志四类。

禁止标志的含义是禁止人们做某些行为，如禁止吸烟、禁止跨越、禁止饮用。

表 5-1-1　安全色与对比色搭配使用表

安全色	对比色	相间条纹
红色	白色	表示禁止或提示消防设备、设施位置的安全标记
蓝色	白色	表示指令的安全标记，传递必须遵守规定的信息
黄色	黑色	表示危险位置的安全标记
绿色	白色	表示安全环境的安全标记

注：黑色与白色互为对比色。

警告标志的含义是引起人们对周围环境的注意，以避免可能发生的危险，如小心地滑、当心火灾、当心触电。

指令标志的含义是强制人们必须做出某种动作或采取某种防范措施。如必须戴防尘口罩、必须戴安全帽、必须系安全带。

提示标志的含义是向人们提供某种信息，包括标明安全设施或场所等，如紧急出口、避险处、可动火区。

（三）劳动安全意识培养

在劳动中遵守安全管理规定。例如，在重点防火区域工作时，要严格遵守消防安全管理规定，并且定期学习培训消防技能。

认真学习劳动岗位的安全操作规程，只有通过学习和培训，熟练掌握各项安全操作规程，才能在实际工作中沉着应对突发状况。

熟悉劳动设备的技术性能和使用时的注意事项，特殊的劳动岗位要取得相关的作业操作证后方可上岗。

多参加实战演习，如火场逃生演练，熟悉常见的消防设施的使用方法等。只有平时多训练，增强劳动安全意识和技能，才能在遇到突发的安全事故时保持冷静的头脑、选择正确的处理方式，进而保护劳动者的自身安全。

二、劳动安全隐患

（一）劳动安全隐患概述

1. 劳动安全隐患的概念

劳动安全隐患是在生产劳动过程中会造成安全事故的潜在危险和有害因素的总称，潜在危险是指可能对人造成伤害或对物造成突发性损害的因素；有害因素是指会影响人的身体健康，导致疾病或对物造成慢性损害的因素。通常情况下，两者被统称为危险有害因素。危险有害因素客观地存在于我们周围，对劳动安全造成威胁。在一定条件的作用下，危险有害因素会转化成真正的危险和伤害。

2. 安全隐患的常见情况

（1）人的不安全行为。在劳动过程中，很多随意的、不必要的动作或操作会导致危险的发生，对自身和他人造成伤害。

（2）物的不安全状态。使用物体时，使用条件及物体本身也可能存在一些危险和有害因素。在劳动过程中，我们要严格遵守操作规程，并做好防护，避免危险的发生。

（3）环境因素。在复杂的劳动环境中，不可避免地存在一些不利因素，但是可以通过一些技术手段或者防护手段来规避这些不利因素。因此，在劳动过程中，劳动者需要按照相关规定做好防护，或者提前对工作环境进行处理，在环境达标后再开始工作。

（4）管理缺陷。国家或企业制定的生产操作规程和安全注意事项，是对人员和财产安全的一种保护措施，要想让这些操作规程在劳动过程中充分发挥作用，就需要有完备的管理机制、组织架构来进行全方位的把控，只要有一方掉以轻心，没有起到监管作用，没有认真落实生产责任制，就有可能发生劳动安全事故。

3. 安全隐患的特征

（1）隐蔽性。事故隐患是隐藏在劳动生产过程中的潜在危险，它在一定条件下是安全的，但如果超过了条件的约束，或者在一定的诱因下，隐患就会转化为事故。而且很多隐患之间是有连锁反应的，一旦发生一个事故，就可能会接二连三地发生其他事故，这种连带的、持续的隐患会对安全生产构成极大的威胁，甚至会使企业陷入瘫痪。例如，面粉厂内禁止烟火，面粉是碳水化合物，如果遇到明火，易发生燃爆事故。当面粉粉尘悬浮于空中且达到很高的浓度时，如果遇到火苗、火星、电弧或适当的温度，瞬间就会燃烧起来，进而发生爆炸。

（2）重复性。安全隐患不是靠一时治理或者多次治理就可以根除的，也不是发生过事故以后就不会再发生了，一旦出现诱因，类似或者相同的事故就可能重复出现。因此，事故的预防是一项永久性的工作。正是因为事故隐患具有重复性，某些事故的发生是有先兆的，如果先兆出现时人们能够及时处置，就有可能避免事故的发生。例如，护士在配药时，没有仔细核对药品名称和患者姓名而导致医疗事故，这种情况在任何一个医疗机构都有可能发生，只有每位医护人员时刻紧绷医疗安全这根弦，每个步骤都仔细核对，才能避免此类事故的发生。

（3）时效性。尽管事故隐患具有隐蔽性、重复性，但如果在隐患出现的初期，就采取严格的措施限期整改，落实责任，讲究实效，在一定程度上就可以避免事故的发生。例如，某工厂厂房被鉴定为危房，但因为一直没有时间腾空厂房或加固、更换厂房，结果厂房突然坍塌，造成严重的人员伤亡和经济损失。在这种情况下，只要在发现隐患时及时处理，就能有效避免事故的发生。

（4）特殊性。隐患具有普遍性，同时又具有特殊性。由于人员、机器、物料、生产方法、环境、安全水平等不同，隐患的属性特征也不尽相同。在不同的行业、不同的企业、不同的岗位，隐患的表现形式和变化过程更是千差万别。即便是在同一环境下，使用相同的设备、相同的工具，从事相同性质的工作，存在的隐患也会有差别。所以必须严格执行各类安全生产规程，将安全隐患降到最低。例如，电梯是特种设备，由于限定的重量、使用的频率及保养情况不同，其核心配件的种类、规格及使用寿命的差异非常大，因此必须照规定严格执行电梯的安全检测程序。

（5）季节性。某些隐患具有明显的季节性，随着季节的变化而变化。例如，夏天天气炎热，气温高，雨水多，食物易腐烂变质，需要注意预防中暑、溺水、食物中毒等事故。冬季北方地区气温低、风大、干燥，需要注意预防冻伤、火灾等事故。充分认识各个季节的特点，因时而异，因地而异，因人而异，有针对性地做好季节性隐患防治工作，这对于企业的安全生产而言是十分重要的。

（二）劳动安全隐患防范

1. 排查劳动安全隐患

作为劳动安全的"敌人"，劳动安全隐患无处不在、无时不在。因此要想彻底排查并非易事，要想及时地发现隐患、消除危险，需要掌握一定的方法。

（1）规章对照法。根据对应的法律法规、工作条例等进行全面检查，对违反法规、条例和操作规程的做法要及时纠正。严格落实安全生产责任制度，一旦发现安全隐患，要坚决整改，并追究相应责任人的责任。生产劳动现场应有专人负责安全检查，每天工作开始前、进行中和结束时，都要根据相关的法律法规和操作规程进行核查，发现隐患要及时处理。

（2）类比检查法。在生产活动中要提高警惕，吸取已发生的事故教训，对照之前的事故产生原因，查找自己是否存在这些问题，这样才能真正地防患于未然。企业也可以把事故作为警示案例，对员工进行安全教育培训，避免其重蹈覆辙。

（3）拉网排查法。发动群众，让每个人都成为安全员，随时发现生产生活中的事故隐患，从不同的视角对劳动环境进行全时段、全方位、无死角的排查，防范各类事故的发生。

2. 防范安全隐患的措施

安全隐患防范要未雨绸缪、防微杜渐，做到组织体系合理，职责明确，流程简洁科学，保障物资充沛。发生危险时，各负责人能各司其职，第一时间处置风险或将事故危害降到最低。具体来说，防范安全隐患的措施主要有以下四点。

（1）加强劳动安全保障体系和思想教育。建立施工班组、项目部、企业三级保障体系，职责明确，树立"安全第一，预防为主"的思想，安全培训、检查等不能走过场，要严肃处理违规现象，对遵守安全规程的人员、组织给予奖励。

（2）加强安全隐患的排查。安全检查是发现安全隐患、消除事故隐患、降低事故伤害的重要办法，要做到时时查、处处查、人人查，力争将安全隐患扼杀在萌芽时期。

（3）标准化作业，规范各类行为。规范各岗位劳动者的行为，制定机械设备、装置等的使用与维护标准，对重型设备、特殊设备及其他装置的危险操作设置安全保护措施，做到生产技术与安全技术相统一，确保生产安全。

（4）正确对待事故的调查与处理。事故的发生是违背人们意愿的，但是一旦发生了，就应采取积极、科学、严肃、认真的态度对事故进行调查，认真做好伤员救治、现场保护等工作，进而分析事故原因，对安全措施进行修订，避免类似事故再次发生。

三、劳动安全规程

（一）劳动安全规程概述

1. 劳动安全规程的内涵

劳动保护管理制度是指国家和用人企业为保护劳动者在劳动过程中的安全和健康而采取的各项管理措施的统称，主要涉及组织生产劳动和进行科学管理等方面的规章制度，旨在保障劳动者在生产过程中的生命安全和身体健康。

2. 制定劳动安全规程的目的

制定劳动安全规程的目的是通过采取安全技术、安全培训、安全管理等手段，防止和减少安全生产事故，从而保障劳动者的生命安全，保护国家财产不受损失，促进社会经济持续健康发展。

（1）积极开展控制工伤的活动，减少或消灭工伤事故，保障劳动者安全地进行生产建设。

（2）积极开展防治职业中毒和职业病的活动，防止职业中毒和职业病的发生，保证劳动者的身体健康。

（3）促进劳逸结合，保障劳动者有适当的休息时间，使其更好地进行经济建设。

（4）针对妇女和未成年工的特点，对他们进行特殊保护，使其在经济建设中发挥更大的作用。

（二）违反劳动安全规程的表现与原因

1. 违反劳动安全规程的表现

违反劳动安全规程的表现有很多种，以下三种情况最为常见。

（1）违章指挥。这是指安排或指挥职工违反国家有关安全的法律法规、规章制度、企业安全管理制度或操作规程进行作业的行为。常见的违章指挥行为如下：因管理不到位，造成员工劳动纪律松弛，生产管理混乱；为生产需要，强令员工违反操作规程，使设备超负荷运行；指派无操作证的员工到特殊岗位工作，指派不具备上岗条件或技能未达标的员工单独工作；安排安全教育和岗位技术考核不合格的员工上岗操作；不按要求及时批转、贯彻、落实上级有关安全生产方面的文件、规定、通知等，或借故拖延、积压、拒不执行者；对安全监察部门已发出停止使用通知单的设施，擅自安排使用。

（2）违章作业。这是指员工在劳动过程中，违反劳动的安全法规、标准规章制度或操作规程，盲目蛮干、冒险作业的行为。常见的违章作业行为如下：未穿戴劳保服装、劳保用品或不戴安全帽进入生产区域；材料或物品随意堆放，堵塞消防逃生安全通道；发现异常情况不及时处理或汇报；使用无合格证的产品或生产设备；生产区域随意堆放易燃易爆物品；在危险作业时，未设置明显的安全警示标志及警戒线；高空作业时不系安全带；不按安全操作规程操作设备、不定期保养设备；对外来人员进入生产场所不进行安全提示；对生产现场违章操作等行为不及时制止。

（3）违反劳动纪律。这是指违反劳动生产过程中为维护集体利益并保证工作的正常进行、保证劳动合同得以履行而制定的，要求每个员工遵守的规章制度和规则的行为。违反劳动纪律行为如下：迟到、早退、无故离岗和旷工；撕毁、涂改、丢失考勤表或交接班记录等；不服从管理人员的安排、指挥、管理，拒绝接受工作任务或消极怠工；在生产过程中串岗、离岗，上班时间擅离职守，延误工作；恶意篡改、删除、损毁、涂改、备份公司、部门及他人文件、资料。

2. 违反劳动安全规程的原因

（1）安全意识淡薄。事故的发生有偶然性，也有必然性，不是每一次违反劳动安全规则都会引发安全事故，但是如果安全意识淡薄，发生事故只是时间问题。有些劳动者或管理者自认为能力强、技术好、经验足，不把劳动安全规则放在心上，随心所欲，按照习惯随意操作；有些劳动者或管理者能力较弱、技术不高、经验不足，认识不到潜在的危险，遇到问题自作主张、意气用事，缺乏专业知识与行业规范，此类行为都会给安全埋下隐患。

（2）管理执行不严。管理者的安全技术素质有限，存在经验主义、冒险主义或侥幸心理，或对违反劳动安全制度的现象存在不想管、不敢管或者管而不严的情况，这都会让劳动者有违反劳动安全制度的可能。

（3）责任落实不严。即使有劳动安全制度，但如果责任不明确，监管的作用便是形同虚设。有时出现小问题后，工作人员相互扯皮、避重就轻，或者选择忽视、一放了之，致使形成违反劳动安全制度的习惯，最终酿成大祸。

四、重视劳动安全保护

（一）劳动保护概述

1. 劳动保护的概念

劳动保护是国家和单位为保护劳动者在劳动生产过程中的安全和健康所采取的立法、组织和技术措施的总称。它是指根据国家法律法规，依靠技术进步和科学管理，采取组织措施和技术措施，消除危及人身安全健康的不良条件和行为，防止事故和职业病，保护劳动者在劳动过程中的安全与健康，其内容包括劳动安全、劳动卫生、女工保护、未成年工保护、工作时间与休假制度。

2. 劳动保护的内容

劳动保护主要包括以下两个方面。

（1）劳动安全保护。为了保护劳动者的劳动安全，防止和消除劳动者在劳动和生产过程中的伤亡事故，以及防止生产设备遭到破坏，《劳动法》和其他相关法律法规制定了劳动安全技术规程，主要包括：机器设备的安全；电气设备的安全；锅炉、压力的容器的安全；建筑工程的安全；交通道路的安全。企业必须按照相关安全技术规程使各种生产设备达到安全标准，切实保护劳动者的劳动安全。

（2）劳动卫生保护。为了保护劳动者在劳动生产过程中的身体健康，避免有毒、有害物质的危害，防止、消除职业中毒和职业病，我国有关法律法规都制定了相应的劳动卫生规程，主要包括：防止粉尘危害；防止有毒、有害物质的危害；防止噪声和强光的刺激；防暑降温和防冻取暖；通风和照明；个人防护用品的供给。企业必须按照相关劳动卫生规程配备用具，以达到劳动卫生标准，切实保护劳动者的身体健康（图5-1-1）。

3. 劳动保护的意义

保护劳动者在生产劳动过程中的安全与健康是我国的一项基本方针，它是坚持社会主义制度的本质要求，是发展生产、促进经济建设的一项根本性大事，也是社会主义物质文明和精神文明建设的一项重要内容。劳动保护可以为劳动者创造安全、卫生、舒适的工作条件，消除和预防劳动生产过程中可能发生的伤亡、职业病和急性职业中毒，保障劳动者的安全与健康，促进社会劳动生产率的提高，保证经济建设顺利进行。

图5-1-1　个人防护用品

（二）职业病防治

职业病是指劳动者在职业活动中，因接触粉尘、放射性物质和其他有毒、有害物质而引起的疾病。各国法律都有对职业病预防的规定。一般来说，只有符合法律规定的疾病才能称为职业病。

1. 职业病种类

按《职业病分类和目录》，我国将职业病分为以下10类。

（1）职业性尘肺病及其他呼吸系统疾病。如石墨尘肺、过敏性肺炎、哮喘等。

（2）职业性皮肤病。如接触性皮炎、光接触性皮炎等。

（3）职业性眼病。如化学性眼部灼伤、电光性眼炎等。

（4）职业性耳鼻喉口腔疾病。如噪声聋、铬鼻病等。

（5）职业性化学中毒。如铅及其化合物中毒（不包括四乙基铅）、汞及其化合物中毒等。

（6）物理因素所致职业病。如中暑、减压病等。

（7）职业性放射性疾病。如外照射急性放射病、外照射亚急性放射病、外照射慢性放射病、内照射放射病等。

（8）职业性传染病。如炭疽、森林脑炎等。

（9）职业性肿瘤。如石棉所致肺癌、间皮癌、联苯胺所致膀胱癌等。

（10）其他职业病。如金属烟热、滑囊炎（限于井下工人）等。

图 5-1-2　职业病防治宣传画

2. 职业病的防治方法

劳动者在生产劳动中应增强自我保护意识，加强自我保护，主要应做好以下两个方面工作（图 5-1-2）。

（1）参加职业卫生知识培训。目前与职业卫生相关的法律法规有很多，如《中华人民共和国职业病防治法》《中华人民共和国尘肺病防治条例》《使用有毒物品作业场所劳动保护条例》等，劳动者在就业前必须接受相关的职业卫生知识培训，可以自学，也可以参加政府或者企业组织的相关培训，了解相关的生产工艺流程及可能存在的职业病危害因素，掌握职业病防护、应急处理等知识。

（2）正确使用劳动防护用品。劳动者在工作过程中应遵守规章制度，严守操作规程，同时要自觉使用好个人防护用品。个人防护用品在预防职业病危害的综合措施中属于第一级预防部分，主要包括防护服、防护帽、防护手套、防护面罩及眼镜护耳器、呼吸防护器和皮肤防护剂等，这些用品主要起到屏蔽和过滤的作用，以达到防护目的。在选择防护用品时，不仅要注意防护效果，还应考虑是否符合生理要求，在使用时要加强管理和检查维护，确保防护用品能起到应有的防护效果。

（三）女性劳动保护

随着女性参加社会生产劳动的人数逐渐增多，女性劳动者已成为社会主义建设不可或缺的重要力量。为保护女职工的合法权益和身体健康，减少和解决女职工在劳动中因生理特点遇到的特殊困难，创造积极、健康、和谐的社会经济环境，我国对女职工实行特殊劳动保护制度。

（1）女职工禁忌从事的劳动范围。主要包括：矿山井下作业；体力劳动强度分级标准中规定的第四级体力劳动强度的作业；每小时负重六次以上、每次负重超过 20 公斤的作业，或者间断负重、每次负重超过 25 公斤的作业；等等。

（2）女职工在经期禁忌从事的劳动范围。主要包括：冷水作业分级标准中规定的第二级、第三级、第四级冷水作业；低温作业分级标准中规定的第二级、第三级、第四级低温作业；等等。

（3）女职工在孕期禁忌从事的劳动范围。主要包括：作业场所空气中铅及其化合物、汞及其化合物、苯、铬、铍、砷、氰化物、氮氧化物、一氧化碳、二硫化碳、氯、氯丁二烯、氯乙烯、环氧乙烷、苯胺、甲醛等有毒物质浓度超过国家职业卫生标准的作业等。

（4）女职工在哺乳期禁忌从事的劳动范围。主要包括：作业场所空气中锰、氟、溴、甲醇、有机磷化合物、有机氯化合物等有毒物质浓度超过国家职业卫生标准的作业等。

（四）心理健康防护

劳动者心理健康问题是由不同方向的压力源共同作用造成的，既有客观环境造成的压力，也有认知失调、情绪障碍等主观因素，主要包括职业压力、生活压力、个体压力和人际关系等方面，出现心理健康问题会导致各种各样的消极情绪和行为，一些极端的情绪和行为问题甚至会极大地损害身体健康，因此每个人都要关注自我，及时、妥善地处理心理上的变化。常见的消极情绪有忧虑、紧张、抑郁、烦躁、敏感、多疑、易怒、自卑、自责等，表现为表面上强打精神，但内心充满困惑和痛苦、无奈和彷徨，继而对工作和生活失去兴趣，产生厌倦感，甚至会出现失眠、多梦等明显症状。所以在工作中要找到正确的渠道缓解、消除心理上的压力，保持健康的心理状态（图 5-1-3）。

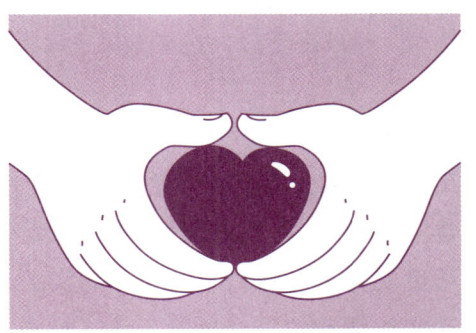

图 5-1-3　呵护心灵

案例导引　　　　　　　　　　　　　　临危不惧　化解危机

　　某学校高分子学院实训实验大楼的实验室里发生一起有毒、强腐蚀性化学品——三氯化磷泄漏事件。在老师的带领下，几十名正在大楼上课的学生安全撤离现场。5分钟后消防队员赶到现场，利用砂土掩埋的方式顺利地处理了这起事故，没有人员在这次事故中受伤。

　　该事故的起因是某个正在做实验的同学不慎将装有化学品的容器打翻了，在简单处理无效后，具有腐蚀性的白烟开始弥漫，于是老师让学生先撤离大楼，撤离的过程十分有序。

　　据消防队队长介绍，容器为一个白色塑料桶，重量约为5千克。其侧面、底部出现破损，地上有溢出的透明液体。液体与空气接触后发生强烈反应，生成很多白烟。当消防队员从老师口中得知这是一种叫"三氯化磷"的强腐蚀性液体后，便找来几个大桶，装上就近挖的砂土，覆盖到化学品上面。在确认现场没有危险物质残留后，消防队员也安全撤离现场。

　　请结合资料，谈谈本次事故为什么能得到妥善处理。

　　2020年7月7日，教育部印发的《大中小学劳动教育指导纲要（试行）》指出，学校要把劳动安全教育与管理作为组织实施的必要内容，强化劳动安全意识，建立健全安全教育与管理并重的劳动安全保障体系。要依据学生的身心发育情况，适度安排劳动强度、时长，切实关注劳动任务及场所设施的适宜性。科学评估劳动实践活动的安全风险，认真排查、清除学生劳动实践中的各种隐患。在场所设施选择、材料选用、工具设备和防护用品使用、活动流程等方面制定安全、科学的操作规范，强化劳动过程中每个岗位的管理作用，明确各方责任，防患于未然。制定劳动实践活动风险防控预案，完善应急与事故处理机制。要特别关注劳动过程中的卫生隐患，按照疾控、卫生健康部门及行业有关规定，采取相应措施，切实保护学生的身心健康。鼓励购买劳动教育相关保险。

本节主要介绍大学生实习实训中的安全教育。充分的安全教育可以增强安全意识和安全素质，是预防各类事故的重要方式。

一、大学生实习安全教育

《职业学校学生实习管理规定》第三十一条规定：实习单位应当健全本单位安全生产责任制，执行相关安全生产标准，健全安全生产规章制度和操作规程，制定生产安全事故应急救援预案，配备必要的安全保障器材和劳动防护用品，加强对实习学生的安全生产教育培训和管理，保障学生实习期间的人身安全和健康。未经教育培训或未通过考核的学生不得参加实习。

学生实习的本质是教学活动，是实践教学的重要环节，是探索新的人才培养模式的重要内容。近年来，学生在实习过程中因各种原因发生的人员伤亡事故呈上升趋势。因此，加强学生在生产实习期间的安全意识，努力做好安全防范工作至关重要。

生产实习伤害产生的原因主要有环境因素和个人因素。环境因素如工厂设备不良、防护装置缺损等。个人因素主要表现为：不知道工作的操作规程和危险性；知道工作的操作规程和危险性，但在实际操作中不予理会；工作疏忽、失误；在工作中非法操作、违规操作或在工作场所做一些严禁做的事情。

下面重点介绍技术工人和医护人员的实习安全预防。

（一）技术工人实习安全

在生产实习过程中，一定要听从指导教师的指导，严格遵守实习单位的规章制度。

进生产车间时应穿工作服、戴安全帽（图5-2-1），穿胶鞋或劳保工作鞋，不能穿拖鞋、高跟鞋。女性应将头发束好放在安全帽里面。

跟班实习时应勤看、多问，严禁私自动手操作设备开关、按钮等。工作期间要全神贯注，切不可一边操作一边嬉戏打闹。严格遵守各工种安全操作规程，

图5-2-1　佩戴安全帽

不要靠近高速运转的设备，尤其不要站在与该设备运转的同一平面内。严禁在危险场所停留。未经指导教师允许，不得到与实习工作无关的场所活动，尤其不要在污染严重、不利于身心健康的环境逗留，不要在车间内组织与实习工作无关的活动。

（二）医护人员实习安全

实习时必须严格遵守所在医院的规章制度和有关技术操作规定；明确学生身份，知晓自己无权单独开处方、病假证明、诊断书等。在诊疗工作中有疑问应及时请示上级医生，不得自作主张、擅自行事，更不能擅自行医看病。

在进行 X 射线机械操作时，要注意熟练掌握操作技能。做好准备工作和警示工作，避免非工作人员在机房周围停留。要本着对患者负责的态度，力争缩短检查时间、提高准确率，尽量减少辐射的时间和次数。

实习期间要严守保护性医疗制度，对于危重病人的病情、特殊病人的病情或自己不清楚的问题，未经上级医生允许，不得擅自将自己的猜测告诉病人或家属。教学观摩时应尊重患者的隐私权，对异性的观摩检查尤其要审慎。当男性实习生检查女性病人（尤其是进行妇科检查）时，应有第三者在场。此外，实习时还要加强安全保健意识，特别是在传染病房和发热门诊实习时更要十分小心。切记要按操作规程办事，同时要做好个人防护。如出现不适症状，要立刻进行检查。

二、大学生实验实训安全教育

在实验实训室发生的安全事故中，人为因素是主要原因，安全意识淡薄、个人的不安全行为和马虎失误在其中占了很大的比重。据统计，在实验实训室安全事故中，由于人为因素引起的事故比例高达 98%（图 5-2-2）。

一般而言，实验实训室安全事故发生的主要原因有：人员操作不慎，使用不当或粗心大意；仪器设备或各种管线年久失修、老化损坏；不可抗力的自然灾害；恶意侵害行为（如计算机被病毒感染、遭黑客攻击等）；监控管理不力（如设备被盗、信息泄露等）。实验实

图 5-2-2   实验实训室安全

训室安全事故的表现形式主要有火灾、爆炸、毒害、机电伤人及设备损坏等。

火灾事故的发生具有普遍性，造成这类事故的直接原因是：忘记关电源，或者人离开实验实训室的时间较长，致使设备或用电器具通电时间过长、温度过高，引起着火；操作不慎或使用不当，使火源接触易燃物质，引起着火；供电线路老化、超负荷运行，导致线路发热，引起着火；乱扔烟头，接触易燃物质，引起着火。

爆炸性事故多发生在具有易燃易爆物品和压力容器的实验实训室中，造成这类事故的直接原因是：违反操作规程，引燃易燃物品，进而导致爆炸；设备老化，存在故障或缺陷，使易燃易爆物品泄漏，遇火花后引起爆炸。

毒害性事故多发生在具有化学药品和剧毒物质的化学化工实验实训室及排放毒气的实验实训室中，造成这类事故的直接原因是：违反操作规程，将食物带进放置有毒物品的实验实训室中，造成误食中毒；设备、设施老化，存在故障或缺陷，造成有毒物质泄漏或有毒气体无法排放，造成中毒；管理不善，造成有毒物品散落流失，引起环境污染；废水、废气排放管路受阻或失修，造成有毒废水、废气未经处理而流出，引起环境污染。

机电伤人性事故多发生在有高速旋转或有冲击运动的机械实验实训室，或要带电作业的电气实验实训室及一些有高温产生的实验实训室，造成这类事故的直接原因是：操作不当或缺少防护，造成机器挤压、甩脱或碰撞伤人；违反操作规程或因设备、设施老化而出现故障或缺陷，造成漏电、触电或电弧火花伤人；使用不当，造成高温气体、液体伤人。

设备损坏性事故多发生在用电加热的实验实训室中，造成这类事故的直接原因是：由于线路故障或雷击造成突然停电，致使被加热的介质不能按要求恢复原来的状态而造成的设备损坏。

第三节　急救常识

案例导引

急救知识心中记

在一家工厂中，一名工人在工作时不慎被机器卡住了手臂，同事们赶紧将他送到工厂的医务室。医务室的护士先用消毒棉球擦拭伤口周围的皮肤，然后用纱布包扎住伤口，并将手臂固定在一起，以防止手臂移动。同时，护士还给工人注射了破伤风疫苗，以防感染。在送工人到医院之前，护士还观察了他的身体状况，确保他没有出现其他不适症状。到达医院后，医生对工人进行了进一步的检查和治疗，最终成功地挽救了他的手臂。

请结合资料，谈谈有哪些急救知识是有必要掌握的。

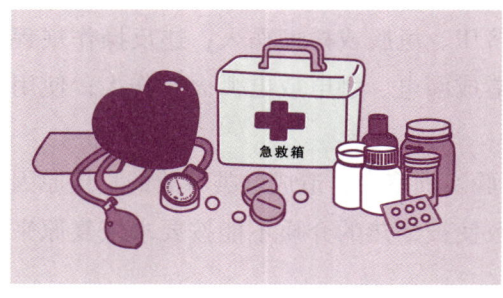

图 5-3-1　急救用品

急救即紧急救治，是指当有任何意外或急病发生时，施救者在医护人员到达前，按医学护理的原则，利用现场的物资及时、适当地为伤病者进行的初步救援及护理，然后从速送往医院治疗（图 5-3-1）。

一、急救的原则与流程

急救是一项非常重要的技能，它可以在紧急情况下挽救生命、减少伤残、稳定病情、减轻痛苦。

（一）急救的原则

在急救过程中，有三个重要的原则需要遵循，即保护生命、防止进一步伤害和寻求专业医疗帮助。

保护生命是急救的首要原则。在急救过程中，需要尽一切可能保护患者的生命。这包括检查患者的呼吸和心跳，保持患者的体温和水分平衡，以确保他们的生命体征正常。如果患者没有呼吸或心跳，需要立即对其进行心肺复苏，以恢复他们的生命体征。

防止进一步伤害是急救的第二个重要原则。在急救过程中，需要尽可能地避免进一步伤害患者。这包括检查患者的身体，以确定是否有任何其他伤害或疾病。此外还需要确保环境安全，以防环境或周围物体带来的二次伤害。

寻求专业医疗帮助是急救的第三个重要原则。在急救过程中，需要尽快将患者送往医院或其他医疗机构，以接受专业的医疗帮助。这包括联系急救车或其他紧急医疗服务，以确保患者能够及时得到治疗。此外，还需要与医疗机构的医生和护士保持联系，及时沟通患者的情况，以确保患者得到最好的治疗。

（二）急救流程

现场急救一般遵循先复后固、先止后包、先重后轻、先救后送、急救与呼救并重、搬运与医护相一致的原则，通常会按照以下顺序施救：① 通过呼唤判断被救人员意识是否清醒，并设法使其迅速脱离危险区；② 若被救人员呼吸困难，则应尽快打开其呼吸道，保证呼吸畅通；③ 若被救人员呼吸已停止，应立即实施人工呼吸；④ 恢复血液循环；⑤ 采取止血措施；⑥ 在急救的同时，打电话向医疗救护单位求援。

二、各类伤害事件的急救方法

（一）猝死

猝死又称突然死亡，是指看起来健康或病情已基本恢复的人，在很短的时间内突然发生意想不到的非创伤性死亡。猝死往往来不及救治，属于临床急症。由于猝死的高峰多发生在发病后 1 小时内，因此心脏病专家将发病后 1 小时内的死亡界定为猝死。

1. 猝死的症状

多数人猝死前无明显预兆。有些病人以前有过心绞痛发作史，心绞痛突然加剧，表现为面色灰白、大汗淋漓和血压下降，特别是出现频繁的室性期前收缩，这一切都是猝死的先兆。此外，还会出现原来没有出现过的症状，如明显的疲乏感、心悸、呼吸困难、精神状态变化等。随后，由于心脏骤停，又表现为神志不清、痉挛、瞳孔固定而扩大，或出现几次喘息样呼吸而进入临床死亡。以上症状如果发现不及时，患者就会错过抢救有效期，将很快（4～6分钟）进入不可逆的生物学死亡。

2. 猝死的急救

一般来说，猝死有三个特点，即死亡急骤、死亡出人意料、非暴力死亡。多数患者在家中或正常工作时突然发病，因此及时的现场救护就显得非常重要。当发现有人突然丧失意识并倒地时，不要慌乱，首先应让患者平卧，拍击其面颊并呼叫，同时用手触摸其颈动脉部位以确认有无搏动。若无反应且没有动脉搏动，施救者应立即进行胸外按压：两手掌重叠置于患者胸骨下部，掌根置于胸部正中位置，按压时肘伸直，按压深度约5厘米，每分钟100下，共按压30次。在进行胸外按压时，每按压30下需进行2次人工呼吸。在进行人工呼吸前，抢救者应先将患者嘴里的异物清理干净。接着，用右手轻抬患者的下颌，同时用另一只手的拇指和食指捏住患者的鼻子。然后用嘴巴包住患者的嘴巴，并往里吹气，直到胸廓抬起。若患者仍未恢复自主呼吸，则需再次吹气。

需要注意的是，若进行上述措施后，患者恢复自主意识，还需及时送其去医院就诊，以便采取下一步治疗，防止猝死再次发生。

3. 猝死的预防

在生活、工作中或参加运动时应该密切关注身体的变化，预防猝死等意外事件的发生。

（1）出现不适要尽早检查。注意身体出现的胸闷、压迫感、极度疲劳等症状，如症状明显应及时中止工作或运动，进行详细的身体检查。

（2）运动强度要适宜。在体育锻炼时应该坚持循序渐进和因人而异的原则，运动前进行充分的准备活动，运动后进行拉伸活动，避免平时不运动、突然超负荷运动的情况。此处还应根据自身的身体状况采取不同的运动强度，防止出现过度运动或肌肉过度紧张，避免或减少心律失常现象的出现。

（3）养成良好的生活习惯。良好的生活习惯对于预防猝死而言也非常重要。平时要禁烟禁酒，少吃高盐、高油、高脂肪的食品，多吃蔬菜、水果，保证睡眠时间和质量，保持良好的状态，避免精神过度紧张。

（二）晕厥

晕厥是由过性脑缺血、缺氧引起的短暂意识丧失，晕厥现象比较常见，严重影响学习、工作和生活。因此，掌握有关晕厥的急救常识很有必要。

1. 晕厥的原因

引起晕厥的原因有很多，如由恐惧、焦虑、急性感染、创伤、剧痛等引起的血管迷走性晕厥，由低血压引起的体位性晕厥，由风心病、冠心病及严重心律失常、心力衰竭引起的心源性晕厥等。但发生在学生身上的晕厥又有自己的特点。部分学生平时缺乏运动，身体素质比较差，当出现疲劳、情绪低落、食欲差、能量补充不足等情况时，容易出现意识丧失而突然晕倒的情况。无论何种晕厥，发病时多突然开始，出现头晕、心慌、恶心呕吐、面色苍白、全身无力等症状，随之意识丧失，晕倒在地。

2. 晕厥的急救

一旦身边出现晕厥患者，应该抓紧时间进行急救。当患者前额出汗、脸色苍白、头晕，或已晕厥，就应立即扶其躺下，抬高下肢，解开领扣、腰带和其他紧身的衣物。如果现场环境无床或不允许患者躺下，可以让其坐下，头垂至双膝之间。如果患者不能躺下或坐下，可让其单腿跪下，低头俯身，像系鞋带的姿势一样。总之，要使晕厥者的头部处在比心脏低的位置。

妥善处置好晕厥者的姿势后，施救者可用指甲掐其人中穴，迫使其清醒。晕厥者一般在 5 分钟内可以恢复神志，否则应立即送往医院寻求专业急救。晕厥者醒后至少仰卧 10 分钟，过早起身或使晕厥复发。晕厥者意识恢复后，可饮少量水或茶。如果是原因不明的晕厥，应尽快送往医院诊治。

（三）骨折

全身各个部位都可能发生骨折，但常见的是四肢骨折。一旦怀疑出现骨折，应尽量减少患处的活动，转送时尽量使用硬板床。

1. 骨折的主要症状

因骨折的类型和部位不同，其症状表现不完全相同，主要有以下几点。

（1）疼痛。骨折部位疼痛，活动时疼痛加剧，局部有明显的按压痛，有骨摩擦音。

（2）肿胀。由于骨折端小血管的损伤和软组织损伤水肿，故骨折部位会出现肿胀。

（3）畸形。由于骨折端的移位，肢体常发生弯曲、旋转、缩短等畸形，当骨折完全断离时，还可能出现假关节异常活动。

（4）功能障碍。骨折后，肢体原有的骨骼杠杆支持功能丧失，如上肢骨折时不能拿、提，下肢骨折时不能行走、站立。

（5）大出血。当骨折端刺破大血管时，伤员往往会大出血，出现休克症状。大出血多见于骨盆骨折。

2．骨折的现场急救

（1）抢救生命。现场急救的首要原则是抢救生命。如发现伤员心跳、呼吸已经停止或者濒于停止，应立即进行胸外心脏按压和人工呼吸；如伤员陷入昏迷，应保持其呼吸道通畅，及时清除其口咽部异物；如有意识障碍，施救者可按压其人中、百会等穴位。开放性骨折伤员的伤口处有大量出血，一般可用敷料或者干净毛巾加压包扎止血。如出血严重，可使用止血带止血，但一定要记录开始使用止血带的时间，每隔半个小时应放松1次（每次30～60秒），以防止肢体缺血坏死。如遇有生命危险的骨折病人，应快速送往医院救治。

（2）伤口处理。开放性伤口的处理除应及时恰当地止血外，还应立即用消毒纱布或干净毛巾包扎伤口，以防止伤口继续被污染。伤口表面的异物要清理干净，外露的骨折端切勿推入伤口，以免污染深层组织。有条件者最好用高锰酸钾等消毒液冲洗伤口后再包扎固定。

（3）简单固定。现场急救时及时正确地固定断肢可减少伤员的疼痛及周围组织的损伤，同时也便于搬运和转运伤员。但急救时的固定是暂时的，因此应力求简单有效，不要求对骨折准确复位，有骨折端外露者更不宜复位，而应原位固定。急救现场可就地取材，如木棍、木板、树枝或硬纸板等都可作为固定器材，其长短以固定住骨折处上下两个小节为准。如找不到固定的硬物，也可用布带直接将伤肢绑在身上，骨折的上肢可固定在胸壁上，使前臂悬于胸前；骨折的下肢可同健肢固定在一起。

（4）必要止痛。严重外伤后强烈的疼痛刺激可引起休克，因此应给予伤员必要的止痛药，可口服止痛片，也可以注射止痛剂。但有脑、胸部损伤者不可注射吗啡，以免抑制呼吸中枢。

（5）安全转移。经以上现场救护后，应将伤员迅速、安全地转运到医院救治。转运途中要注意动作轻稳，防止震动或碰撞伤肢，以减少伤员的疼痛，注意给伤员保暖，并让其进行适当的休息。

（四）中暑

中暑俗称暑热，是由体温调节中枢功能障碍、汗腺功能衰竭和水电解质丢失过多引起的疾病。中暑常发生在气温超过32 ℃和湿度大于60%的无风的夏季。如果在夏季进行剧烈运动，或长时间从事室外的重体力劳动极有可能引发中暑。

1. 中暑的症状

中暑的程度可以分为三级，即先兆中暑、轻度中暑和重度中暑。先兆中暑有头痛眩晕、口干舌燥、出汗、疲劳、注意力不集中和动作不协调等症状；轻度中暑除有先兆中暑的表现外，还有肌肉痉挛疼痛或直立性晕厥、体温轻度升高、面色潮红、皮肤灼热、脉搏加快、呼吸急促和血压下降等脱水表现；重度中暑又称热射病或日射病，表现为高热、昏迷、惊厥和多器官衰竭。重度中暑是一种致命性急症，病死率极高，患者常死于呼吸循环系统衰竭或急性肾衰竭。

2. 中暑的急救

中暑后体温升高的程度及持续时间与病死率直接相关。因此，发现中暑患者，应迅速采取以下急救措施，减少或防止悲剧性事件的发生。

（1）将患者转移到阴凉通风处。及时使中暑者脱离高温环境，将其转移到阴凉通风处休息，使其平卧，抬高其头部，并松解衣扣。

（2）补充体液。如果中暑者神志清醒，并无恶心、呕吐症状，可饮用含盐的清凉饮料、茶水或绿豆汤等，起到降温和补充血容量的作用，也可饮淡盐水。当中暑者神志不清时，最好不要喂水，防止误吸。

（3）人工散热，物理降温。有条件时，可用电扇通风或空调降温，促进散热，但不能直接对着中暑者吹风，以防感冒。也可采用物理降温，如将冰袋置于中暑者的头、颈、腋下和腹股沟等处，或用酒精擦拭中暑者的头、颈、腋下和腹股沟等处，都可达到迅速降温的目的。如无低血压或休克表现，将中暑者的躯体浸入27～30 ℃的水中15～30分钟，也可达到迅速降温的目的。对于血压不稳定的中暑者，施救者可采用蒸发散热降温，如用23 ℃的冷水反复擦拭皮肤，同时用电风扇或空调促进散热。

（4）拨打急救电话。对于重度中暑者，施救者在采取上述措施的同时应立即拨打120，迅速将其送往有条件的大医院急诊科进行治疗。

3. 中暑的预防

（1）注意饮食。注意补充水分，夏季人体水分挥发较多，不能等口渴后再喝水，那时身体已处于缺水状态。身体中的一些微量元素也会随着水分的蒸发被带走，这时可以适当喝一些淡盐水。同时要补充足够的蛋白质，如鱼、肉、蛋、奶和豆类等。另外，应多吃能预防中暑的新鲜果蔬，如西红柿、西瓜、苦瓜、桃、乌梅和黄瓜等。

（2）做好防晒工作。在外出时，要做好防晒工作，如戴太阳镜、遮阳帽或使用遮阳伞，着浅色、透气、宽松的棉、麻或丝质服装，以便于汗液挥发和散热。如需要长时间骑车，最好穿长袖衬衫，戴遮阳帽。中午至下午2点阳光最强时，尽量不要待在户外，有条件的可适当进行午休。曾经发生过中暑的人，在恢复后数周内，应避免进行室外剧烈活动或在烈日下暴晒。

（3）随身携带防暑药品。进行长时间的户外运动时要准备好防暑药品，如藿香正气水、十滴水或人丹等。出汗较多时应多饮用含电解质和多种水溶性维生素的清凉饮料，保持水和盐的代谢平衡。

（五）触电

1. 触电的症状

（1）轻度。轻度触电者常表现为精神紧张、表情呆滞、四肢软弱、全身无力，有短暂的面色苍白，对周围事物失去反应，一般会很快恢复，恢复后或有肌肉疼痛、疲乏、头痛及神经兴奋等症状。

（2）中度。中度触电者呼吸快且浅，心跳加速或伴有期前收缩，可能出现短暂昏迷，瞳孔不散大，有光反应，血压无明显改变。

（3）重度。神志清醒的重度触电者会极度恐惧、惊慌、心悸，甚至会陷入昏迷，严重者会心脏停搏、瞳孔散大。

2. 触电的急救

（1）迅速脱离电源。就近拉开电源开关，拔出插销或保险，切断电源。要注意单极开关是否装在火线上，若是错误装在零线上则不能认为已切断电源。注意要用带有绝缘柄的利器切断电源线。找不到开关或插头时，可用干燥的木棒、竹竿等绝缘体将电线拨开，使触电者脱离电源。接着可用干燥的木板垫在触电者的身体下面，使其与地面绝缘。如遇高压触电事故，应立即通知有关部门停电。注意因地制宜并灵活运用各种方法，快速切断电源。

（2）现场救护。若触电者呼吸和心跳均未停止，此时应使触电者平躺，就地安静休息，不要让触电者走动，以减轻心脏负担，并应严密观察其呼吸和心跳的变化。若触电者心跳停止、呼吸尚存，则应对触电者进行胸外按压。若触电者呼吸停止、心跳尚存，则应对触电者做人工呼吸。若触电者呼吸和心跳均停止，应立即按心肺复苏的方法进行抢救。同时要拨打120，尽快送往医院寻求专业救治。

3. 注意事项

（1）动作一定要快，尽量缩短触电者的带电时间。

（2）切不可用手、金属、潮湿的导电物体直接触碰触电者的身体或与触电者接触的电线，以免抢救人员自身触电。

（3）解脱电源的动作要用力适当，防止因用力过猛使带电电线击伤在场的其他人员。

（4）在帮助触电者脱离电源时，应注意防止触电者摔伤。

（5）进行人工呼吸或胸外按压抢救时，不要轻易中断救治。

 讨论交流

    1. 请结合专业谈谈，在实习实训或未来工作中，应如何做好个人劳动保护？

    2. 如果不幸得了职业病，劳动者应当如何维护自身权益？

一、活动目标

　　通过参与生产劳动，进一步提升安全生产技能水平和处理突发事件的反应速度，培养规范意识，牢固树立安全发展理念。

二、活动准备

　　根据所学专业的特点，选择一个未来可能从事的工种，在实训室组织一次生产活动，或者去相关企业实习，熟悉工作要求和规范流程，参与生产劳动。

三、活动内容

　　根据各专业、工种的特点，在实训室或实习单位组织或参与一次生产活动。在活动开始前，教师应明确工作要求和规范流程，告知可能存在的安全隐患或需预防的职业病。学生在教师的指导下进行操作，操作时注意遵循相关要求。如发现他人的行为有安全隐患，应立刻制止。

四、注意事项

　　（1）注意劳动安全与自我保护，明确工作要求和工作流程后再开始工作，工作时需要有指导老师在场。

　　（2）在没有得到允许时，不可随意触摸或操作劳动工具、设备或机械。

　　（3）在实训室或工作场所切勿大声喧哗、嬉戏打闹。

五、活动体会

　　填写并提交"实践活动表"，请结合所学专业，谈谈在进行生产劳动时需注意哪些问题？有哪些安全隐患容易被忽视？在工作过程中，如遇到紧急情况（如划伤、磕碰等）该如何处理？

实践活动表

活动名称	参与安全生产		
姓名		年级	
院系		专业	
工作岗位		工作地点	
工作要求及正确的操作流程			
安全隐患及容易操作失误的地方			
活动体会			

实践训练卡

第六章

劳动法律法规

思想领航

　　努力让人民群众在每一项法律制度、每一个执法决定、每一宗司法案件中都感受到公平正义。

——习近平

_____

第一节　劳动法与劳动合同法

案例导引　　　公司发出录用通知后是否可以反悔

张某是北京某公司的财务科长。北京另有一家公司招聘财务总监，张某经过慎重考虑后参加了该公司的笔试、面试，随后这家公司向张某发出录用通知，通知他在"五一"节后来公司上班。张某为此感到很高兴，辞去了原来的工作。但是"五一"假期过后，张某就收到该公司撤回录用的通知，原因是该职位已经有更合适的人选。张某大为气愤，向劳动仲裁委员会提起仲裁，要求该公司履行与自己的劳动合同。

请结合资料，谈谈公司发出录用通知后是否可以反悔。

一、劳动法

劳动法是我国社会主义法律体系中一个重要的、独立的法律部门。

（一）劳动法的概念

劳动法是调整劳动关系及与劳动关系有密切联系的其他社会关系的法律规范的总称。广义上的劳动法不仅包括《中华人民共和国劳动法》（以下简称《劳动法》），还包括宪法、其他法律法规中涉及劳动关系的法律规范。

微课视频
劳动法与劳动
合同法（上）

（二）劳动法的调整对象和适应范围

1. 劳动法的调整对象

劳动法的调整对象为劳动关系和与劳动关系有密切联系的其他社会关系。

我国劳动法调整的劳动关系的范围包括：企业、个体经济组织、民办非企业单位等组织的劳动关系；国家机关、事业单位、社会团体的劳动合同关系。国家机关、事业单位、社会团体的非劳动合同关系，不由劳动法调整，而是由公务员法及其他相关法律调整。

2. 劳动法的适用范围

《劳动法》第二条明确规定："在中华人民共和国境内的企业、个体经济组织和与之形成劳动关系的劳动者，适用本法。国家机关、事业组织、社会团体和与之建立劳动合同关系的劳动者，依照本法执行。"具体的适用范围包括以下几点。

（1）中国境内的企业、个体经济组织和与之形成劳动关系的劳动者。

（2）国家机关、事业组织、社会团体内实行劳动合同制度的，以及按规定实行劳动合同制度的工勤人员，其他通过劳动合同（包括聘用合同）与国家机关、事业组织、社会团体建立劳动关系的劳动者。

（3）实行企业化管理的事业组织的人员。

（三）劳动法律关系

1. 劳动法律关系的概念

劳动法律关系是指劳动者与用人单位在劳动过程中基于劳动法律规范而形成的劳动权利和劳动义务关系。

2. 劳动法律关系的构成要素

（1）劳动法律关系的主体。劳动法律关系的主体是指在实现社会劳动过程中依照劳动法律规范享有权利并承担义务的当事人，包括劳动者、用人单位。

（2）劳动法律关系的内容。劳动法律关系的内容是指劳动法律关系主体双方依法享有的权利和承担的义务。

（3）劳动法律关系的客体。劳动法律关系的客体是指劳动者和用人单位的权利义务所共同指向的对象。劳动法律关系的基本客体是劳动行为，即劳动者为完成用人单位安排的任务而支出劳动力的活动。劳动法律关系的辅助客体主要是劳动条件。

二、劳动合同法

劳动合同法是为了完善劳动合同制度，明确劳动合同双方当事人的权利和义务，保护劳动者的合法权益，构建和发展和谐稳定的劳动关系而制定的法律（图 6-1-1）。

图 6-1-1　劳动者权利受法律保护

（一）劳动合同的概念和特征

劳动合同是劳动者与用人单位确立劳动关系、明确双方权利和义务的协议。劳动合同是合同的一种，它除具有合同的一般特征外，还有如下基本特征。

（1）劳动合同的主体是特定的。必须一方是用人单位，另一方是劳动者。

（2）在履行劳动合同的过程中，劳动者和用人单位存在管理与被管理的关系。

（3）劳动合同的性质决定了劳动合同的内容以法定为多、为主，以商定为少、为辅。

（4）在特定条件下，劳动合同会涉及第三人的物质利益。如劳动者死亡后遗属的待遇等。

（二）劳动合同的订立

订立劳动合同是指劳动者和用人单位经过相互选择和平等协商，就劳动合同的条款达成协议，从而确立劳动关系和明确相互权利义务的法律行为。订立和变更劳动合同应遵循平等自愿、协商一致的原则，不得违反法律、行政法规的规定。

依法订立劳动合同，必须符合以下几项要求。

（1）订立劳动合同的目的必须合法。当事人不得以订立劳动合同的合法形式掩盖非法意图和违法行为，以达到不良企图。

（2）订立劳动合同的主体必须合法。用人单位应是依法成立的企业、个体经济组织、国家机关、事业组织、社会团体等用人单位；劳动者必须年满16周岁，具有劳动行为能力。

（3）订立劳动合同的内容必须合法。双方当事人在劳动合同中所设定的权利、义务条款必须符合国家法律、法规和有关政策的规定。如有的劳动合同规定"发生工伤事故，单位概不负责""旷工 3 天予以除名""不享受星期天休假"等，均属于内容违法且无效的条款。对此，用人单位应承担由此而产生的法律责任。

（4）订立劳动合同的程序必须合法。

（5）订立劳动合同的行为必须合法。

（三）无效劳动合同

无效劳动合同是指当事人所订立的不符合法定条件、不能发生预期的法律后果的劳动合同。违反法律、行政法规的劳动合同和采取欺诈、威胁等手段订立的劳动合同是无效的。

（四）劳动合同的内容与条款

《中华人民共和国劳动合同法》（以下简称《劳动合同法》）第十七条规定，劳动合同应当具备以下条款。

（1）用人单位的名称、住所和法定代表人或者主要负责人。

（2）劳动者的姓名、住址和居民身份证或者其他有效身份证件号码。

（3）劳动合同期限。

（4）工作内容和工作地点。

（5）工作时间和休息休假。

（6）劳动报酬。

（7）社会保险。

（8）劳动保护、劳动条件和职业危害防护。

（9）法律、法规规定应当纳入劳动合同的其他事项。

除上述必备条款外，用人单位与劳动者还可以约定试用期、培训、保守秘密、补充保险和福利待遇等其他事项。

（五）劳动合同的履行、变更与终止

1. 劳动合同的履行

用人单位与劳动者应当按照劳动合同的约定，全面履行各自的义务。无论是用人单位还是劳动者，如果不履行自己的义务，按照《劳动合同法》的规定，都将受到相应的惩罚。

2. 劳动合同的变更

劳动合同变更的原因一般有以下三个方面。

微课视频
劳动法与劳动
合同法（下）

（1）用人单位的变更。用人单位的生产经营方式发生变化，或者是单位内部的结构调整导致工作岗位需求发生变化，而这种岗位是劳动合同里约定的一个条款，这就需要变更相应的条款。

（2）劳动力价值的变更。随着时间的推移，员工的劳动力价值可能会提升，也可能会降低，那么用人单位就会根据劳动者的劳动力价值变化对其工资进行调整，双方协商后变更工资条款。

（3）社会经济的变更。受通货膨胀等社会经济因素的影响，劳动者的薪酬福利水平也要相应地调整。这就涉及员工薪酬福利条款的变化，也要变更劳动合同。

无论是何种原因变更合同，用人单位与劳动者必须协商一致，单方面变更劳动合同是无效的。

3. 劳动合同的终止

《劳动合同法》第四十四条规定，有下列情形之一的，劳动合同终止。

（1）劳动合同期满的。

（2）劳动者开始依法享受基本养老保险待遇的。

（3）劳动者死亡，或者被人民法院宣告死亡或者宣告失踪的。

（4）用人单位被依法宣告破产的。

（5）用人单位被吊销营业执照、责令关闭、撤销或者用人单位决定提前解散的。

（6）法律、行政法规规定的其他情形。

但是，在劳动合同期满时，有《劳动合同法》第四十二条规定的情形之一的，劳动合同应当延续至相应的情形消失时才能终止。

（六）劳动合同的解除

劳动合同的解除是指劳动合同订立后，尚未全部履行之前，由于某种原因导致一方或双方当事人提前消灭劳动关系的法律行为。劳动合同的解除分为双方协商解除、劳动者单方解除和用人单位单方解除三种。

1. 双方协商解除劳动合同

用人单位与劳动者协商一致，可以解除劳动合同。

2. 劳动者单方解除劳动合同

具备法律规定的条件时，劳动者享有单方解除权，无须双方协商达成一致意见，也无须征得用人单位的同意。

用人单位以暴力、威胁或者非法限制人身自由的手段强迫劳动者劳动的，或者用人单位违章指挥、强行要求劳动者冒险作业甚至从事危及人身安全的工作，劳动者可以立刻解除劳动合同，不需要事先告知用人单位。这种属于即时解除中可以立即解除且不用事先告知用人单位的情形。

对于劳动者可即时解除劳动合同的上述情形，劳动者无须支付违约金，用人单位应当支付经济补偿。

3. 用人单位单方解除劳动合同

具备法律规定的条件时，用人单位享有单方解除权，无须双方协商达成一致意见。这主要包括过错性辞退、非过错性辞退、经济性裁员三种情形。

（七）违反劳动合同的法律责任

1. 用人单位的法律责任

用人单位的法律责任包括用人单位"订立劳动合同"违法的法律责任、"履行劳动合同"违法的法律责任、"违法解除和终止劳动合同"的法律责任及其他法律责任。

2. 劳动者的法律责任

劳动者违反劳动合同中约定的保密义务或者竞业限制；劳动者违反培训协议，未满服务期解除或者终止劳动合同；因劳动者严重违纪，用人单位与劳动者解除约定服务期的劳动合同的，劳动者应当按照劳动合同的约定，向用人单位支付违约金，给用人单位造成损失的，应当承担赔偿责任。

三、大学生在劳动实践中要注意的问题

大学生即将走向社会，与用人单位建立劳动关系。在这个过程中，需正确地维护合法的劳动权益，认真地履行自身的劳动义务。大学生应重点关注以下几个与《劳动法》《劳动合同法》有关的问题。

（一）注意区分劳动关系和劳务关系

当关系的主体一方为劳动者，另一方为用人单位时，劳动关系与劳务关系非常容易混淆。劳动关系与劳务关系主要有以下四个方面的不同。

1. 主体不同

劳动关系双方分别是用人单位与作为自然人的劳动者；劳务关系不仅可以是单位与自然人之间，还可能存在于单位之间、自然人之间，并且可以是两个或两个

以上的主体。

2. 关系不同

劳务关系只有财产关系；在劳动关系中，当事人双方之间有隶属关系，即提供劳动的一方是劳动需求的一方的单位成员。

3. 劳动主体的待遇不同

在劳务关系中，劳动者只有劳动报酬；劳动关系还涉及保险、福利待遇。劳动合同的内容一般包括合同期限、工作内容、劳动保护和劳动条件、劳动报酬、社会保险、劳动纪律、劳动合同终止的条件、违反劳动合同的责任，以及试用期、培训、保守商业秘密、补充保险和福利待遇等内容；劳务合同则没有社会保险，一般也没有劳动保护和劳动条件、福利待遇，劳动报酬也不包括津贴、补贴。

4. 适用领域有所不同

对于常年性的岗位，用人单位应与劳动者建立劳动关系；对于一次性或临时性的工作，或可发包的劳务事项，用人单位可与劳动者建立劳务关系。

（二）关于工作时间、休息休假

1. 工作时间

工作时间是指法律规定的劳动者在一昼夜和一周内从事劳动的时间，包括每日工作的小时数、每周工作的小时数。劳动工时制度是每日工作八小时，每周工作四十小时，一周内工作五天，符合《劳动法》中每日工作不超过八小时，平均每周工作不超过四十四小时的规定。

2. 休息休假

劳动者的休息时间一般为每周两天休息日，不能实行国家标准工时制度的企事业组织，可以根据情况统筹安排，保证劳动者每周至少休息一天。《劳动法》第四十条规定，用人单位在下列节日期间应当依法安排劳动者休假：元旦、春节、国际劳动节、国庆节、法律法规规定的其他休假节日。第四十五条规定，国家实行带薪年休假制度。劳动者连续工作一年以上的，享受带薪年休假。第六十二条规定，女职工生育享受不少于九十天的产假。另外劳动法和相关的法律法规还有婚假、丧假和探亲假的规定。

（三）关于非全日制用工

非全日制用工是指以小时计酬为主，劳动者在同一用人单位，一般平均每日工作时间不超过四小时，一周累计工作时间不超过二十四小时的一种用工方式。

非全日制劳动合同允许员工同时和两个及两个以上的用人单位建立劳动合同关系，而全日制劳动合同则只允许员工同一家用人单位建立劳动合同关系。

非全日制用工的双方当事人可以订立口头协议。也就是说，非全日制劳动合同可以是书面形式的，也可以不是书面形式的。

另外，《劳动合同法》还规定，非全日制用工的双方当事人不得约定试用期；非全日制用工小时计酬标准不得低于用人单位所在地人民政府规定的最低小时工资标准；非全日制用工劳动报酬结算支付周期最长不得超过十五日。

案例导引　　　　　　　　　　　　该合同是否成立

　　某建筑公司在施工过程中发现钢材短缺，便同时向 A 钢材供销部和 B 钢材供销部发函。函件中称："如贵公司有 ×× 钢材现货，吨价不超过 3 500 元，请求接到信 15 天内发货 50 吨。货到付款，运费由供货方自行承担。"A 钢材供销部先行发货 50 吨，建筑公司接受了货物。B 钢材供销部后发货 50 吨，遭到建筑公司拒收。因为建筑公司仅需 50 吨钢材，称合同不成立。

　　请结合资料，谈谈建筑公司拒收的理由是否成立，为什么？

一、合同法概述

（一）合同的概念与分类

　　合同是指作为平等主体的自然人、法人、其他组织之间设立、变更、终止民事权利义务关系的协议。

微课视频
合同法（上）

　　按照不同的标准，合同可以分为不同的种类。常见的合同种类有：双务合同与单务合同、有偿合同与无偿合同、诺成合同与实践合同、要式合同与不要式合同、有名合同与无名合同、主合同与从合同、束己合同与涉他合同。

（二）合同法的概念与原则

　　合同法是指调整平等当事人之间合同关系的法律规范的总称，它调整的主要内容包括合同的订立、效力、履行、担保、变更、解除、终止、违约责任等。我国于 1999 年颁布的《中华人民共和国合同法》（以下简称《合同法》）确立了平等原则、自愿原则、公平原则、诚实信用原则、遵守法律和社会公共秩序原则（图6-2-1）。《合同法》的有效期限为 1999 年 10 月 1 日至 2020 年 12 月 31 日，其内容被《中华人民共和国民法典》中的"合同"部分替代。

二、合同的订立

合同的订立是指两方以上当事人通过协商而于互相之间建立合同关系的行为，它包括要约邀请、要约、反要约、承诺和合同生效等。

图 6-2-1   法律维护公平正义

（一）合同订立的程序

合同订立采取"要约—承诺"的方式进行。当事人意思表示真实一致时，合同即可成立。

1. 要约

要约是指希望和他人订立合同的意思表示。要约可以向特定人发出，也可以向非特定人发出。意思表示应当符合两点要求：① 内容具体确定；② 表明经受要约人承诺，要约人即受该意思表示约束。

2. 承诺

承诺是受要约人同意要约的意思表示。承诺应当由受要约人向要约人做出，并且应当在要约确定的期限内到达要约人。要约没有确定承诺期限的，承诺应当依照下列规定到达：① 要约以对话方式做出的，应当即时做出承诺，但当事人另有约定的除外；② 要约以非对话方式做出的，承诺应当在合理期限内到达。

承诺生效时合同成立，当事人开始负有履行合同的义务。

（二）合同的内容和形式

1. 合同的内容

合同的内容是指合同中当事人达成的明确双方权利和义务的条款。合同的具体内容由当事人约定，一般包括如下条款：① 当事人的名称或者姓名和住所；② 标的；③ 质量；④ 数量；⑤ 价款或报酬；⑥ 履行期限、地点和方式；⑦ 违约责任；⑧ 解决争议的方法。

2. 合同的形式

合同的形式是指当事人记载合同内容的方式，主要有书面形式、口头形式和其他形式。书面形式是以文字记载当事人所订合同的形式；口头形式是当事人只用语言进行意思表示订立的合同；其他形式是指除书面和口头以外的其他形式，包括推定形式和默示形式。

3. 格式条款合同

格式条款是当事人为了重复使用而预先拟定，并在订立合同时未与对方协商的条款。采用格式条款订立合同的，提供格式条款的一方应当遵循公平原则确定当事人之间的权利和义务，并采取合理的方式提请对方注意免除或者限制其责任的条款，按照对方的要求，对该条款予以说明。经营者不得以格式合同、通知、声明、店堂告示等方式对消费者作出不公平、不合理的规定，或者减轻、免除其损害消费者合法权益应当承担的民事责任。

（三）缔约过失责任

缔约过失责任是在订立合同的过程中，一方违背其依据诚实信用原则所应尽的义务，对期待该合同成立的相对人造成的利益损害，依法应承担的民事责任。

缔约过失责任的情形：① 假借订立合同，恶意进行磋商；② 故意隐瞒与订立合同有关的重要事实或提供虚假情况；③ 有其他违背诚实信用原则的行为；④ 泄露或不当使用对方商业秘密，因一方过失导致合同无效、因一方过失导致合同被撤销。

三、合同的效力

（一）合同成立与合同生效

合同成立是指当事人意思表示一致。合同成立的要件主要有两点：第一，要有两个或两个以上的当事人；第二，当事人通过要约和承诺过程，意思表示一致。

合同的生效不同于成立，它是指已经成立的合同在当事人之间产生了一定的法律拘束力。合同成立后，只有符合生效条件的合同，才能发生法律效力，才能产生当事人所预期的法律后果，才能受到法律的保护。

（二）合同生效的要件

1. 当事人具有相应的订约能力

这是指合同主体必须能够辨认和控制自己的行为，判断自己行为的法律后果，即必须具有相应的订立合同的能力。

2. 意思表示真实

所谓意思表示真实是指行为人表示于外部的意思同其内心的真实意愿相一致。

3. 不违反法律和社会公共利益

合同不违反法律是指合同不违反法律中的强制性规范，如不得从事走私品买卖，买卖机动车辆、船舶必须登记等。

4. 合同必须具备法律所要求的形式

当事人可以依法选择合同的形式。但是，如果法律对合同的形式作出了特殊的规定，当事人必须遵守法律规定。例如，房屋买卖须经房管部门登记，办理过户手续后才能生效。

（三）效力待定合同

效力待定合同是指合同虽然已经成立，但因其不完全符合有关生效要件的规定，因此其效力能否发生尚待确定。

效力待定的合同类型有下列几种：① 无行为能力人所订立的合同；② 限制民事行为能力人依法不能独立订立的合同；③ 无权代理人所订立的合同；④ 代理权滥用所订立的合同；⑤ 无处分权人实施了处分他人财产的行为所订立的合同。

（四）无效合同

无效合同是指严重欠缺合同生效要件，不发生合同当事人追求的法律后果，不受国家保护的合同。无效合同自始无效、当然无效、确定无效。

无效合同的范围包括：欺诈一方以欺诈、胁迫手段订立合同，损害国家利益；恶意串通，损害国家、集体或第三者利益；以合法形式掩盖非法目的；损害社会公共利益；违反法律、行政法规的强制性规定。

四、合同的履行

（一）合同履行的基本原则

合同履行是指债务人全面地、适当地完成其合同义务。《合同法》规定了合同履行的基本原则为适当履行原则、协作履行原则、经济合理原则。

（二）合同履行的主要规则

1. 合同内容约定不明确时的履行规则

合同生效后，当事人应严格按照约定履行合同。如果合同中当事人就质量、价款或报酬、履行地点等内容没有约定或者约定不明确的，可以协议补充；达不成补充协议的，按照合同有关条款或者交易习惯确定。如果仍不能确定的，则按照以下规定履行。

（1）质量要求不明确的，按照国家标准、行业标准履行；没有上述标准的，按照通常标准或者符合合同目的的特定标准履行。

（2）价款或报酬不明确的，按照订立合同时履行地的市场价格履行；依法应当执行政府定价或指导价的，按照规定履行。

（3）履行地点不明确的，交付货币的，在接受货币一方所在地履行；交付不动产的，在不动产的所在地履行；其他标的，在履行义务一方的所在地履行。

（4）履行期限不明确的，债务人可以随时履行，债权人也可随时履行，但应当给对方必要的准备时间。

（5）履行方式不明确的，按照有利于实现合同目的的方式履行。

（6）履行费用的负担不明确的，由履行义务一方负担。

2. 执行政府定价或者政府指导价合同的履行规则

执行政府定价或者政府指导价的，在合同约定的交付期内政府价格调整时，按照交付时的价格计价。逾期交付标的物的，遇价格上涨时，按原价格执行；价格下降时，按照新价格执行。逾期提取标的物或者逾期付款的，遇价格上涨时，按照新价格执行；价格下降时，按照原价格执行。

3. 合同履行涉及第三人时的规则

当事人约定由债务人向第三人履行债务的，债务人未向第三人履行债务或履行债务不符合约定的，应由债务人向债权人承担违约责任。当事人约定由第三人向债权人履行债务的，第三人未履行债务或履行债务不符合约定的，应由债务人向债权人承担违约责任。

五、合同的担保

（一）合同担保的概念

合同担保是指法律规定或者当事人约定的确保债务人履行债务，保障债权人的债权得以实现的法律措施，其方式有抵押、质押、留置、保证和定金五种。

（二）合同担保的方式

1. 抵押

抵押是指债务人或者第三人不转移抵押财产的占有，将该财产作为对债权的担

微课视频
合同法（下）

保。债务人不履行债务时，债权人有权依法以该财产折价或以拍卖、变卖该财产的价款优先受偿。

2. 质押

质押是指债务人或第三人向债权人移转某项财产的占有权，并由后者掌握该项财产，以作为前者履行某种支付金钱或履约责任的担保。当这种责任履行完毕时，质押的财产必须予以归还。当债务人不履行责任时，债权人有权依法将质物折价或者拍卖，并对所得价款优先受偿。最常见的质押是当事人与当铺进行的交易。

3. 留置

留置是指债权人按照合同约定占有债务人的动产，债务人不按照合同约定的期限履行债务的，债权人有权依照法律规定留置该财产，以该财产折价或以拍卖、变卖该财产的价款优先受偿。

4. 保证

保证是指保证人和债权人约定，当债务人不履行债务时，保证人按照约定履行债务或者承担责任的行为。保证人必须符合法律规定的资格，具有代为清偿债务能力的法人、其他组织或者公民，可以做保证人。

5. 定金

定金是指合同当事人为了确保合同的履行，依据法律规定或当事人双方的约定，由当事人一方在合同订立时或订立后、履行前，按合同标的一定比例，预先给付对方当事人的金钱或其他代替物。给付定金的一方不履行约定债务的，无权要求返还定金；收受定金的一方不履行约定的债务的，应当双倍返还定金。

六、合同的变更、转让和终止

在合同订立之后，因为各种原因使得合同内容或者合同主体发生了变更，则为合同的变更与转让。如果当事人基于履行、提存、抵销等原因使得合同消灭，即为合同的终止。

（一）合同的变更

合同的变更是指合同内容的变更。合同主体的变更属于合同的转让。

经当事人协商一致，可以变更合同。但法律、行政法规规定变更合同需要办理批准、登记等手续的，应当办理相应手续。当事人对合同变更的内容约定不明确的，推定为未变更。

（二）合同的转让

合同的转让为合同主体的变更，是指当事人将合同的权利和义务全部或者部分转让给第三人。合同的转让分为债权的转让和债务的转让，当事人一方经对方同意，也可以将自己在合同中的权利和义务一并转让给第三人，即合同的概括移转。

（三）合同的终止

合同的终止原因有以下几种：① 债务已经按照约定履行；② 合同解除；③ 债务相互抵销；④ 债务人依法将标的物提存；⑤ 债权人免除债务；⑥ 债权债务同归于一人，即混同；⑦ 法律规定或者当事人约定终止的其他情形。

七、违约责任

当事人一方明确表示或者以自己的行为表明不履行合同义务的，对方当事人可以在履行期限届满之前要求其承担违约责任。当事人一方不履行合同义务或者履行合同义务不符合约定的，应当承担继续履行、采取补救措施或者赔偿损失等违约责任。合同法赋予当事人可以根据合同履行的不同情况，选择不同的违约救济措施。

八、学生在合同实践中要注意的问题

（一）关于合同法的适用范围的问题

《合同法》中的合同仅指当事人设立、变更和终止财产权的双方法律行为，就身份关系而达成的协议不适用合同法的规定。婚姻、收养、监护等有关身份关系的协议，适用其他法律的规定。

（二）关于定金与订金的问题

定金是一种担保形式。给付定金的一方不履行约定的债务的，无权要求返还定金；收受定金的一方不履行约定的债务的，应当双倍返还定金。

订金在法律上没有明文规定，只是一个习惯性用语，仅具有预付款性质，不具有担保合同签订和合同履行的功能。如果合同当事人一方不想履行合同义务时，作为预付款的订金应当做退还处理。

（三）关于赠与合同的问题

赠与合同也是日常生活中常见的一种合同类型。赠与合同是赠与人将自己的财产无偿给予受赠人，受赠人表示接受赠与的合同。

赠与合同自受赠人表示接受赠与时成立，同时允许赠与人在赠与财产的权利转移之前可以撤销赠与，以给赠与人一个反悔的机会。但是，对于救灾、扶贫等社会公益、道德义务性质的赠与合同或者经过公证的赠与合同，赠与人在赠与财产的权利转移之前不得撤销赠与。

案例导引　　　　　　　　　　　　　乙的主张合法吗

甲、乙、丙、丁四人出资设立 A 有限合伙企业，其中甲、乙为普通合伙人，丙、丁为有限合伙人。合伙企业存续期间，合伙人丁自营同 A 合伙企业相竞争的业务，获利 150 万元。合伙人乙认为，由于合伙协议对此没有约定，因此丁不得自营同本合伙企业相竞争的业务，其获利 150 万元应当归 A 合伙企业所有。

从《中华人民共和国合伙企业法》的角度来看，乙的主张是否合法，为什么？

一、经济法概述

（一）经济法的概念

经济法是调整国家宏观经济管理过程中发生的社会关系的法律规范的总称。经济法属于国内法体系，具有自己特定的调整对象，不同于国内法体系中的其他法的部门。

经济法具有政策性、社会公益性和系统性的特征。

微课视频
经济法（上）

（二）经济法的调整对象

经济法调整特定的经济关系，这种经济关系能够体现经济法是国家协调本国经济运行的法律，实现经济法的基本功能，促进资源的优化配置，有助于深化改革、扩大开放，建立和完善社会主义市场经济体制，促进社会主义现代化建设，推动国民经济持续、稳定、健康发展。

（三）经济法的地位

经济法的地位是指经济法在我国完整的法律体系中的地位。经济法具有独立的调整对象，且具有与其他法的部门不同的特征。

经济法包含企业法、公司法、反垄断法、反不正当竞争法、消费者权益保护法、产品质量法、广告法、城市房地产管理法、银行法、证券法、保险法、土地法、森林法等多部法律制度。由于篇幅有限，本节仅介绍企业法和公司法。

二、企业法

企业法是指调整企业在设立、变更、终止、组织管理和生产经营活动中所发生的各种经济关系的法律规范的总称。这一部分主要介绍《中华人民共和国个人独资企业法》（以下简称《个人独资企业法》）和《中华人民共和国合伙企业法》（以下简称《合伙企业法》）的有关内容。

（一）个人独资企业法

1. 个人独资企业的含义及设立条件

个人独资企业是指依照《个人独资企业法》在中国境内设立，由一个自然人投资，财产为投资人个人所有，投资人以其个人财产对企业债务承担无限责任的经营实体。

在中国境内设立个人独资企业，应当具备下列条件。

（1）投资人为一个自然人，且必须是享有完全民事行为能力的自然人。

（2）有合法的企业名称。名称应当符合名称登记管理有关规定，并与其责任形式及从事的营业相符合。名称中不得使用"有限""有限责任"或者"公司"字样。

（3）有投资人申报的出资。

（4）有固定的生产经营场所和必要的生产经营条件。

（5）有必要的从业人员。

设立个人独资企业，应当由投资人或者其委托的代理人向个人独资企业所在地的登记机关申请设立登记。

2. 个人独资企业的投资人及事务管理

个人独资企业由一个具有中国国籍的自然人投资设立，但是法律、行政法规禁止从事营利性活动的人，不得作为投资人申请设立个人独资企业。个人独资企业投资人可以自行管理企业事务，也可以委托或者聘用其他具有民事行为能力的人负责管理企业事务。

3. 个人独资企业的解散与清算

个人独资企业有下列情形之一时，应当解散：① 投资人决定解散；② 投资人死亡或者被宣告死亡，无继承人或者继承人决定放弃继承；③ 被依法吊销营业执照；④ 法律、行政法规规定的其他情形。

个人独资企业解散，由投资人自行清算或者由债权人申请人民法院指定清算人进行清算。个人独资企业解散的，财产应当按照下列顺序清偿：① 所欠职工工资和社会保险费用；② 所欠税款；③ 其他债务。清算期间，个人独资企业不得开展与清算目的无关的经营活动。在按前述规定清偿债务前，投资人不得转移、隐匿财产。

个人独资企业财产不足以清偿债务的，投资人应当以其个人的其他财产予以清偿。

（二）合伙企业法

1. 合伙企业的概念

合伙企业是指自然人、法人和其他组织依照《合伙企业法》在中国境内设立的普通合伙企业和有限合伙企业。普通合伙企业是指由普通合伙人组成，共同出资，共负盈亏，对合伙企业债务承担无限连带责任的合伙；有限合伙企业是指由普通合伙人和有限合伙人组成，普通合伙人对合伙企业债务承担无限责任，有限合伙人以其认缴的出资额为限对合伙企业债务承担有限责任的合伙。

2. 合伙企业的设立

根据《合伙企业法》的规定，设立合伙企业应当具备下列条件。

（1）有二个以上合伙人。合伙人为自然人的，应当具有完全民事行为能力。

（2）有书面合伙协议。

（3）有合伙人认缴或者实际缴付的出资。

（4）有合伙企业的名称。合伙企业的名称除了要符合《企业名称登记管理规定》的规范性要求，普通合伙企业名称中应当标明"普通合伙"字样，特殊的普通合伙企业名称中应当标明"特殊普通合伙"字样，有限合伙企业名称中应当标明"有限合伙"字样。

（5）有必要的生产经营场所。合伙企业还应具备与其生产经营业务性质和规模等相适应的设备、人员和设施等条件。

3. 合伙企业的财产与事务管理

（1）合伙企业的财产。合伙人的出资、以合伙企业名义取得的收益和依法取得的其他财产，均为合伙企业的财产。合伙人在合伙企业清算前，不得请求分割合伙企业的财产，但是《合伙企业法》另有规定的除外。合伙人在合伙企业清算前私自转移或者处分合伙企业财产的，合伙企业不得以此对抗善意第三人。

（2）合伙企业的事务管理。合伙企业可以由全体合伙人共同执行合伙事务；按照合伙协议的约定或者经全体合伙人决定，可以委托一个或者数个合伙人对外代表合伙企业，执行合伙事务。作为合伙人的法人、其他组织执行合伙事务的，由其委派的代表执行。

4. 入伙与退伙

入伙，是指在合伙企业存续期间，原合伙人以外的第三人加入合伙企业，从而取得合伙人资格的民事法律行为。

退伙，是指合伙人退出合伙企业，从而丧失合伙人资格。退伙的原因包括自愿退伙和法定退伙两种。

5. 合伙企业的解散与清算

根据《合伙企业法》的规定，合伙企业有下列情形之一的，应当解散。

（1）合伙期限届满，合伙人决定不再经营。

（2）合伙协议约定的解散事由出现。

（3）全体合伙人决定解散。

（4）合伙人已不具备法定人数满三十天。

（5）合伙协议约定的合伙目的已经实现或者无法实现。

（6）依法被吊销营业执照、责令关闭或者被撤销。

（7）法律、行政法规规定的其他原因。

合伙企业解散，应当由清算人进行清算。清算人由全体合伙人担任。

三、公司法

微课视频
经济法（下）

公司是指依法设立的，以营利为目的的，由股东投资形成的企业法人。公司有独立的法人财产，享有法人财产权，以其全部财产对公司的债务承担责任。我国公司分为有限责任公司和股份有限公司。

狭义的公司法是指《中华人民共和国公司法》（以下简称《公司法》）。广义的公司法是指规定公司的设立、组织、活动、解散及其他对内对外关系的法律规范的总称，除《公司法》外，还包括其他法律、行政法规中有关公司的规定。

（一）有限责任公司

1. 有限责任公司的概念及特征

有限责任公司，简称有限公司，是指由五十个以下的股东出资设立，每个股东以其所认缴的出资额为限对公司承担有限责任，公司法人以其全部资产对公司债务承担全部责任的经济组织。有限责任公司包括国有独资公司和其他有限责任公司。

有限责任公司的主要特征是：① 股东以其出资额承担有限责任；② 公司以资产为限承担债务责任；③ 公司股东人数应符合法定要求；④ 股权转让应符合法定程序及公司章程规定；⑤ 公司不能公开募集股份，不能发行股票。

2. 有限责任公司的设立条件

有限责任公司的设立条件有：① 股东符合法定人数；② 有符合公司章程规定的全体股东认缴的出资额；③ 股东共同制定公司章程；④ 有公司名称，建立符合有限责任公司要求的组织机构；⑤ 有公司住所。

3. 有限责任公司的组织机构

有限责任公司的组织机构由股东会、董事会和监事会构成。由全体股东组成的股东会，是有限责任公司的最高权力机关。董事会是由董事组成的、对内掌管公司事务、对外代表公司的经营决策机构。有限责任公司可以设经理，由董事会决定聘任或者解聘。经理列席董事会会议。监事会、不设监事会的公司的监事发现公司经营情况异常，可以进行调查；必要时，可以聘请会计师事务所等协助其工作，费用由公司承担。

4. 一人有限责任公司与国有独资公司

一人有限责任公司简称"一人公司""独资公司"或"独股公司"，是指只有一个自然人股东或者一个法人股东的有限责任公司。一个自然人只能投资设立一个一人有限责任公司，一人有限责任公司不设股东会。

国有独资公司，是指国家单独出资，由国务院或者地方人民政府授权本级人民政府国有资产监督管理机构履行出资人职责的有限责任公司。国有独资公司全部资本由国家投入，股东只有一个，性质上属于有限责任公司。

一人有限责任公司和国有独资公司是特殊形式的有限责任公司。

（二）股份有限公司

1. 股份有限公司的概念

股份有限公司是指公司资本为股份所组成的公司，股东以其认购的股份为限对公司承担责任。《公司法》规定，设立股份有限公司，应当有二人以上、二百人以下为发起人。

2. 股份有限公司的设立条件

设立股份有限公司应当具备的条件：① 发起人符合法定的资格，达到法定的人数；② 有符合公司章程规定的全体发起人认购的股本总额或者募集的实收股本总额；③ 股份发行、筹办事项符合法律规定；④ 发起人制订公司章程，采用募采方式设立的经创立大会通过；⑤ 有公司名称，建立符合股份有限公司要求的组织机构；⑥ 有公司住所。

3. 股份有限公司的组织机构

股份有限公司的组织机构包括股东大会、董事会、监事会。股东大会是股份有限公司的最高权力机关，由全体股东组成。董事会是股份有限公司必设的业务执行和经营意思决定机构，对股东大会负责。经理是对股份有限公司日常经营管理负有全责的高级管理人员，由董事会聘任或解聘，对董事会负责。监事会是股份有限公司必设的监察机构，对公司的财务及业务执行情况进行监督。

4. 股份发行与上市公司

股份发行，是指股份有限公司为筹集资本而进行的出售和分配股份的法律行为。根据股份发行时公司所处的阶段不同，股份发行可分为设立发行和新股发行两种类型。

上市公司是股份有限公司的一种。根据《公司法》的相关规定，上市公司是指所公开发行的股票经过国务院或者国务院授权的证券管理部门批准在证券交易所上市交易的股份有限公司。

四、大学生在经济实践活动中要注意的法律问题

（一）一人有限公司和个人独资企业的区别

一人有限公司与个人独资企业主要有以下几个方面的不同。

（1）投资主体不同。一人有限责任公司的投资主体可以是自然人，也可以是法人；个人独资企业的投资主体只能是自然人。

（2）法律形式不同。一人有限责任公司属于法定的民事主体，具有法人资格；而个人独资企业属于非法人组织，不具有法人资格。一人有限责任公司的名称应该带有"有限责任公司"字样，而个人独资企业的名称则不能称公司。

（3）设立条件不同。一人有限责任公司有注册资本的要求，而个人独资企业对出资形式未做出任何强制性规定。

（4）税收征缴规定不同。一人有限责任公司按照税法规定，需要缴纳企业所得税；而个人独资企业不需要缴纳企业所得税，只需要缴纳个人所得税。

（5）投资者责任承担不同。一人有限责任公司的股东以认缴的出资额为限承担"有限责任"，个人独资企业的投资人以其个人财产对企业债务承担无限责任。

（二）未满十八岁的人可以担任公司法定代表人吗

答案是不一定。不满十八周岁的无民事行为能力人或者限制民事行为能力人，不可以作为法定代表人；16 周岁以上不满 18 周岁的公民，以自己的劳动收入为主要生活来源的，可以视为完全民事行为能力人，可以申请担任公司法定代表人。

（三）成立公司最低注册资本是多少

2013 年 12 月 28 日，第十二届全国人民代表大会常务委员会第六次会议审议通过了关于修改《公司法》的决定。这次修订将注册资本实缴登记制改为认缴登记制，取消了关于公司股东（发起人）应当自公司成立之日起两年内缴足出资、投资公司可以在五年内缴足出资的规定；取消了一人有限责任公司股东应当一次足额缴纳出资的规定；取消了公司最低注册资本限额。

案例导引　　　　　　　　　　　　陈先生应缴纳多少个人所得税

　　陈先生是我国的机械制造专家，上一年度收入情况如下：每月工资收入15 000 元；向单位提供一项专有技术，一次性取得专有技术使用费 50 000 元；出版专著一本获得稿酬 30 000 元；出访德国期间，其专著被翻译成法文出版，获得版权收入 20 000 欧元，在德国该项所得已纳个人所得税折合人民币为 25 500 元。

　　请结合资料，计算陈先生在上一年在我国应缴纳个人所得税多少元？

一、税法的概念

微课视频
税法（上）

　　税法即税收法律制度，是调整税收关系的法律法规的总称。它是调整国家与社会成员在征纳税上的权利与义务关系、维护社会经济秩序和税收秩序、保障国家利益和纳税人合法权益的一种法律规范，是国家税务机关及一切纳税单位和个人依法征纳税的行为规则。

二、税法的构成

　　构成税法的基本因素一般包括以下内容。

　　1. 纳税义务人

　　纳税义务人简称纳税人，是指法律、行政法规规定直接负有纳税义务的单位和个人，包括自然人和法人。纳税人是缴纳税款的主体，直接同国家的税务机关发生纳税关系。

　　2. 征税对象

　　征税对象又称课税对象、征税客体。这是指税法规定对什么进行征税。征税对象是各个税种之间相互区别的根本标志。根据征税对象的不同，我国现行的税种通常划分为流转税、所得税、财产税、行为税及资源税五大类。

3. 税目

税目亦称"课税品目"或"征税品目"，是指在税法中对征税对象分类规定的具体的征税项目，反映具体的征税范围，是对征税对象进行质的界定。

4. 税率

税率是税法规定的每一单位征税对象与应纳税款之间的比例，是每种税收的基本要素之一。税率是国家税收制度的核心，它反映征税的深度，体现国家的税收制度。一般来说，税率可分为比例税率、累进税率、定额税率三种。

5. 纳税环节

纳税环节是指商品在整个流转过程中按照税法规定应当缴纳税款的阶段。

6. 纳税期限

纳税期限是税法规定的纳税主体向税务机关缴纳税款的具体时间，一般分为按次征收和按期征收两种。

7. 纳税地点

纳税地点是指缴纳税款的场所。纳税地点一般为纳税人的住所地，也有规定在营业地、财产所在地或特定行为发生地的。

8. 税务争议

税务争议是指税务机关与税务管理相对人之间因确认或实施税收法律关系而产生的纠纷。解决税务争议主要通过税务行政复议和税务行政诉讼两种方式，并且一般要以税务管理相对人缴纳税款为前提。在税务争议期间，税务机关的决定不停止执行。

9. 税收法律责任

税收法律责任是税收法律关系的主体因违反税法而应当承担的法律后果。税法规定的法律责任形式主要有三种：一是经济责任，包括补缴税款、加收滞纳金等；二是行政责任，包括吊销税务登记证、罚款、税收保全及强制执行等；三是刑事责任，对违反税法情节严重构成犯罪的行为，要依法承担刑事责任。

三、我国的税种分类

我国的税种分类主要有以下五类。

1. 流转税

流转税是指以商品生产流转额和非生产流转额为课税对象征收的一类税。它是

微课视频
税法（下）

我国税制结构中的主体税类，包括增值税、消费税、营业税和关税等。

2. 所得税

所得税又称收益税，是指以各种所得额为课税对象的一类税。它是我国税制结构中的主体税类，包括企业所得税、个人所得税等。

3. 财产税

财产税是指以纳税人所拥有或支配的财产为课税对象的一类税，包括遗产税、房产税、契税、车辆购置税和车船税等。

4. 行为税

行为税是指以纳税人的某些特定行为为课税对象的一类税，如城市维护建设税、固定资产投资方向调节税、印花税、屠宰税和筵席税等。

5. 资源税

资源税是指对在我国境内从事资源开发的单位和个人征收的一类税，如资源税、土地增值税、耕地占用税和城镇土地使用税等。

四、税收法律关系

（一）税收法律关系的概念

税收法律关系是由税收法律规范确认和调整的，国家和纳税人之间发生的具有权利和义务内容的社会关系。税收法律关系的一方主体始终是国家，税收法律关系主体双方具有单方面的权利与义务，税收法律关系的产生以纳税人发生了税法规定的行为或者事实为根据。

（二）税收法律关系的构成

税收法律关系的构成要素包括以下三项。

（1）税收法律关系的主体，也称为税法主体，是指在税收法律关系中享有权利和承担义务的当事人，主要包括国家、征税机关、纳税人和扣缴义务人。

（2）税收法律关系的内容，是指税收法律关系主体所享有的权利和所承担的义务，主要包括纳税人的权利义务和征税机关的权利义务。

（3）税收法律关系的客体，是指税收法律关系主体的权利义务所指向的对象，主要包括货币、实物和行为。

（三）税收法律关系的产生、变更与终止

税收法律关系的产生、变更和终止必须有能够引起税收法律关系产生、变更或终止的客观情况。客观情况由税收法律事实来决定。税收法律事实可以分为税收法律事件和税收法律行为。税收法律事件是指不以税收法律关系主体的意志为转移的客观事件。例如，自然灾害可以减免税收，从而改变税收法律关系的内容。税收法律行为是指税收法律关系主体在正常意志支配下做出的活动。例如，纳税人开业经营即产生税收法律关系，纳税人转业或停业就造成税收法律关系的变更或消灭。

1. 产生

税收法律关系的产生是指在税收法律关系主体之间形成权利义务关系。税收法律关系的产生应以引起纳税义务成立的法律事实为基础和标志，而纳税义务产生的标志应当是纳税主体进行的应当课税的行为。

2. 变更

税收法律关系的变更是指由于某一法律事实的发生，使税收法律关系的主体、内容和客体发生变化。引起税收法律关系变更的原因是多方面的，归纳起来主要有以下几点。

（1）由于纳税人自身的组织状况发生变化。

（2）由于纳税人的经营或财产情况发生变化。

（3）由于税务机关组织结构或管理方式的变化。

（4）由于税法的修订或调整。

（5）因不可抗拒力造成的破坏。

3. 终止

税收法律关系的终止即其主体间权利义务关系的终止。税收法律关系终止的原因主要有以下几个方面。

（1）纳税人履行纳税义务。

（2）纳税义务因超过期限而消灭。

（3）纳税人具备免税的条件。

（4）某些税法的废止。

（5）纳税主体的消失。

五、流转税

流转税又称流转课税、流通税，是指以纳税人在商品生产、流通环节的流转额或者数量，以及非商品交易的营业额为征税对象的一类税收。目前，我国开征的流转税的种类主要有增值税、消费税、营业税和关税。

（一）增值税

增值税是对销售货物或者提供加工、修理修配劳务，以及进口货物的单位和个人就其实现的增值额征收的一个税种，实际交纳的税款是销项减进项的差额。

（二）消费税

消费税是对生产、委托加工、零售和进口的应税消费品征收的一种税，主要涉及五类产品，即：特殊消费品，如烟、酒、烟花、木制一次性筷子等；奢侈品、非生活必需品；高能耗及高档消费品，如游艇、小轿车、摩托车等；不可再生和替代的消费品，如汽油、柴油等；具有一定财政意义的产品，如汽车轮胎等。在对货物普遍征收增值税的基础上，选择少数消费品再征收一道消费税，目的是为了调节产品结构，引导消费方向，保证国家的财政收入。

（三）营业税

营业税是对在我国境内提供应税劳务、转让无形资产或销售不动产的单位和个人，就其所取得的营业额征收的一种税。营业税是流转税制中的一个主要税种。

（四）关税

关税是主权国家根据本国经济和政治的需要，按照国家制定的方针、政策，用法律形式确定，由海关对进出境的货物、物品所征收的一种税收。我国关税分为进口关税、出口关税及行李和邮递物品进口税。

六、所得税

所得税又称所得课税、收益税，是指国家对法人、自然人和其他经济组织在一定时期内的各种所得征收的一类税收。中国现行税制中的所得税类税收包括企业所得税、外商投资企业和外国企业所得税、个人所得税。

（一）企业所得税

企业所得税是对我国境内的企业和其他经营单位的生产经营所得和其他所得征收的一种税。企业所得税的纳税人包括各类企业、事业单位、社会团体、民办非企业单位和从事经营活动的其他组织。个人独资企业、合伙企业不属于企业所得税的征税对象。企业所得税的征税对象从内容上看包括生产经营所得、其他所得和清算所得，从范围上看包括来源于中国境内、境外的所得。

（二）个人所得税

个人所得税是国家对本国公民、居住在本国境内的个人的所得和境外个人来源于本国的所得征收的一种所得税（图 6-4-1）。

个人所得税的纳税义务人既包括居民纳税义务人，也包括非居民纳税义务人。居民纳税义务人负有完全纳税的义务，必须就其来源于中国境内、境外的全部所得

图 6-4-1　个人所得税

缴纳个人所得税；而非居民纳税义务人仅就其来源于中国境内的所得缴纳个人所得税。

个人所得税的课税对象是个人所得额，包括：工资、薪金所得；劳务报酬所得；稿酬所得；特许权使用费所得；利息、股息、红利所得；财产租赁所得；财产转让所得；偶然所得和其他所得。

根据不同的征税项目，分别规定了个人所得税的不同税率：① 综合所得适用七级超额累进税率，最高一级为 45%，最低一级为 3%，共七级；② 经营所得适用五级超额累进税率，最低一级为 5%，最高一级为 35%，共五级；③ 比例税率。对利息、股息、红利所得，财产转让所得和偶然所得，按次计算征收个人所得税，适用 20% 的比例税率。

七、行为税、财产税和资源税

（一）行为税

行为税是国家为了对某些特定行为进行限制或开辟某些财源而课征的一类税

收，是国家税法规定的，除商品流转、劳务收入、收益、所得、财产占有、特定目的、资源开采和占用等行为之外的其他各种应税行为。例如，针对一些奢侈性的社会消费行为，征收娱乐税、筵席税；针对牲畜交易和屠宰等行为，征收交易税、屠宰税；针对财产和商事凭证贴花行为，征收印花税。行为税收入零星分散，一般作为地方政府筹集地方财政资金的一种手段。行为课税的最大特点是征纳行为的发生具有偶然性或一次性。

中国现行行为税共三种，分别是印花税、城建税、烟叶税。

（二）财产税

财产税是对法人或自然人在某一时点占有或可支配财产课征的一类税收的统称。所谓财产，是指法人或自然人在某一时点所占有及可支配的经济资源，如房屋、土地、物资、有价证券等。

财产税的课税对象是财产的收益或财产所有者的收入，主要包括房产税、遗产税和车船税等。

（三）资源税

资源税是对自然资源征收的税种的总称。在中华人民共和国境内开采《中华人民共和国资源税暂行条例》规定的矿产品或者生产盐的单位和个人，为资源税的纳税义务人，应缴纳资源税。

资源税的征税范围有原油、天然气、煤炭、其他非金属矿原矿、黑色金属矿原矿、有色金属矿原矿、盐这七类。

八、大学生在实践活动中要注意的税务问题

（一）大学生兼职需要纳税吗

需要，我国法律规定公民有纳税的义务。兼职是按个人所得税的劳务报酬来缴纳的，劳务报酬个人所得税的起征点是800元。劳务报酬所得，其个人所得税应纳税额的计算公式为：① 每次收入不足4 000元的，应纳税额 = 应纳税所得额 × 适用税率 =（每次收入额 −800）×20%；② 每次收入在4 000元以上的，应纳税额 = 应纳税所得额 × 适用税率 = 每次收入额 ×（1−20%）×20%；③ 每次收入的应纳税所得额超过20 000元的，应纳税额 = 应纳税所得额 × 适用税率 − 速算扣除数 = 每次收入额 ×（1−20%）× 适用税率 − 速算扣除数。具体参见下表（表6-4-1）。

表6-4-1　劳务报酬所得适用个人所得税预扣税率表　　　　单位：元

序号	预扣预缴应纳税所得额	预扣率/%	速算扣除数
1	不超过 20 000	20	0
2	20 000 至 50 000（含）	30	2 000
3	超过 50 000	40	7 000

（二）劳务报酬所得包括哪些

劳务报酬所得包括个人从事设计、装潢、安装、制图、化验、测试、医疗、法律、会计、咨询、讲学、新闻、广播、翻译、审稿、书画、雕刻、影视、录音、录像、演出、表演、广告、展览、技术服务、介绍服务、经纪服务、代办服务及其他劳务取得的报酬。

（三）逃税有什么后果

逃税行为未达到刑事立案标准的，按照税法予以行政处罚；达到刑事立案标准的，依法追究刑事责任。

《中华人民共和国刑法》二百零一条规定：纳税人采取欺骗、隐瞒手段进行虚假纳税申报或者不申报，逃避缴纳税款数额较大，并且占应纳税额百分之十以上的，处三年以下有期徒刑或者拘役，并处罚金；数额巨大并且占应纳税额百分之三十以上的，处三年以上七年以下有期徒刑，并处罚金。

💬 讨论交流

1. 近年来，公众对互联网行业的整体印象，除了工资高，就是"996""007""脱发"等词汇勾勒出的加班情境。公司支付加班费就能让劳动者随意加班吗？如果你碰到这种情况会怎么办？

2. 与公司订立劳动合同，应当注意什么问题？

一、活动目标

通过模拟签订劳动合同，熟知与劳动、就业、创业有关的法律法规，增进对劳动法的理解，在认真履行劳动义务的同时，学会正确地维护自己的合法权益。

二、活动准备

准备一份与自身专业相关的劳动合同模板，熟悉合同内容，对照合同条例查询劳动法的有关规定，做好签订合同前的准备工作。

三、活动内容

8 个人为一组，分成甲、乙双方（每方各 4 人），甲方代表用人单位，乙方代表应聘者。甲方成员根据岗位要求拟定一份劳动合同，可巧妙设置条款，乙方成员判断该劳动合同是否合法规范。对于不符合相关法律规范的条款，乙方成员提出具有针对性的修改建议，双方协商一致后再签订劳动合同。最后各组汇总劳动合同中出现的问题，并在班级内讨论交流。

四、注意事项

（1）态度端正、严谨，认真审视劳动合同中的条款，不得随意签订合同。

（2）礼貌沟通，在与对方协商合同条款时切忌脾气暴躁、出言不逊等。

五、活动体会

活动结束后进行现场交流，填写并提交"实践活动表"，针对合同中的条款及应聘者应注意的问题等内容谈谈自己的想法。

实践活动表

活动名称	签订劳动合同	
小组成员	甲方：	乙方：
劳动合同的 主要内容	1. 劳动合同期限（注明试用期） 2. 工作岗位及职责 3. 工作时间和休息休假 4. 社会保险和福利待遇 5. 职业培训和劳动保护 6. 劳动合同的变更、解除、终止	
劳动合同中 的问题		
活动体会		

实践训练卡

第七章

劳动创新与创业

思想领航

　　创新是一个民族进步的灵魂，是一个国家兴旺发达的不竭动力，也是中华民族最深沉的民族禀赋。在激烈的国际竞争中，惟改革者进，惟创新者强，惟改革创新者胜。

——习近平

第一节 　 劳动与创新能力

 案例导引　　　　　　　　　　　　　　　　　创新改变世界

世界知识产权组织（产权组织）发布的报告显示，2019 年，中国首次超过美国，成为该组织《专利合作条约》（PCT）框架下国际专利申请量最多的国家。国际舆论认为，这一成就显示中国实施创新驱动发展战略和知识产权战略取得明显成效，表明中国创新能力和社会公众知识产权意识大幅提升，"在短短 20 年内，中国提交的国际专利申请量增长 200 多倍"。

产权组织发布的最新数据显示，2022 年，PCT 国际专利申请总量达 278 100 件，这是有史以来单一年度申请总量的最高纪录。中国国际专利申请量首次突破 7 万件，有 70 015 件申请，同比增长 0.6%，自 2019 年以来连续四年居世界首位。美国以 59 056 件申请居第二位，同比下降 0.6%。排在第三至五位的分别是日本、韩国和德国。亚洲仍然是国际专利申请的主要来源。

腾讯的微信、阿里巴巴的支付宝在商业上获得巨大成功，库哈斯的西雅图图书馆、上海的九间堂在建筑行业上获得巨大成功。请结合资料，谈谈为什么他们能有这么卓越的创新能力，并且能够最终落实到现实之中，而非纸上谈兵。

一、创新能力概述

（一）创新能力的含义

创新能力是指每个正常人或群体在现有环境下运用已知的信息发现新问题并寻求答案，进而产生某种新颖而独特、有社会价值或个人价值的物质或精神产品的能力。这里的产品是指以某种形式存在的思维成果，它既可以是一种新概念、新设想、新理论，也可以是一项新技术、新工艺、新产品。通俗地讲，创新能力就是发现新问题、提出新设想、创造新事物的能力。

早在 20 世纪 90 年代，联合国教科文组织就指出：创新能力是与学术能力和

微课视频
劳动与创新
能力

职业能力并重的面向未来的"三张教育通行证"之一。

（二）创新能力的特征

1. 普遍性

创新能力并不是神秘的、只有天才才具有的超凡能力，而是每个正常人都具有的一种普遍能力。人的先天生理素质（如脑容量的大小、体质的强弱等）不能完全决定创新能力的高低，后天获得的种种附加因素（如学历、职业、见识等）也不会影响创新能力的发展程度。学生、工人、农民、科学家，每一个人都可能成为新事物的创造者，人人都具有创新能力。

2. 潜在性

人人都有创新能力。人脑的潜力相当大，每个正常人约有 140 亿个的脑细胞，其中经常处于活动状态的只占总数的 8% 左右，90% 以上的脑细胞则处于相对静止或睡眠状态。如果没有挖掘创新能力，它永远都是潜力，人的创新性之所以表现得差别极大，是因为开发的程度不同。正是在不断训练、不断挖掘、不断开发的前提下，创新能力才得以发展提升，发挥越来越大的作用。以往传统的教育与训练，往往强调开发大脑的左半球，而大脑的右半球还处于待开发状态，还有极大的潜能未能得以利用，如果能通过某些训练让更多的脑细胞活跃起来，创新能力将会大大提高。

3. 复合性

创新能力是一种复合能力。创新能力的核心是创新思维，由创新思维所决定的创新能力是由探索问题的能力、统摄思维活动的能力、转移经验的能力、侧向思维的能力、形象思维的能力、联想能力、灵活思维的能力、评价能力、"联结"与"反联结"的能力、预见能力、语言能力和完成能力构成的复合能力，这就要求创新者具备综合能力。但是，由于创新者的天赋、教育背景及人生经历有所不同，具备上述能力的情况也大不相同，这就是产生形形色色的创新者的原因所在。

4. 核心性

在社会活动中，创新能力与其他相关理论、知识及能力不是简单地堆积在一起，而是会产生深度结合，在这一过程中，创新能力充分体现了它的核心性。国家核心能力标准确定交流表达能力、数字运算能力、自我提高能力、与人合作能力、解决问题能力、信息技术能力、创新能力和外语应用能力为八种核心能力，在这八种能力中，创新能力具有组合功能，可以将其他能力以自身为核心组合起来。若以人的终身发展来看，创新能力在职业特有能力、行业通用能力、关键能力（亦称核心能力）三个层次中亦居于核心地位。

（三）创新能力的构成

1. 创新思维

创新思维又分为系统性思维和创造性思维。创新思维能力就是破除权威、超越陈规，善于因时制宜、知难而进、开拓创新。只有培养创新思维，才能在把握事物发展客观规律的基础上实现变革和创新（图7-1-1）。

图7-1-1 创新思维

（1）系统性思维。系统性思维是一种逻辑抽象能力，也可以称为整体观、全局观，是一种将原则性与灵活性有机结合的思维方式。只有学会系统思维，才能抓住整体、抓住要害，才能不失原则地采取灵活有效的方法处理事务。

（2）创造性思维。创造性思维是指思维活动的创造意识和创新精神，它表现为不墨守成规，求异、求变，创造性地提出问题和创造性地解决问题。

2. 创新技能

（1）知识背景。创新需要丰富的想象，但任何想象都不可能脱离相应的现实和已掌握的知识。知识是创新的坚实支撑，也是创新的载体。回顾近代创新史，我们发现，几乎所有具有重大成就的发明家，往往就是专业知识丰富的人，即使不是知识最丰富的人，至少也是掌握了较多知识的成员，绝不可能是该领域的门外汉。

（2）智能因素。创新技能中的智能因素，通常是指一个人在完成一定活动时所表现出来的一种本领，或者说是人们认识客观事物并运用知识解决实际问题的智力与技能。它集中表现在反映客观事物的正确程度上，也表现在应用知识解决实际问题的速度和质量上。智能是一个人的先天素质、社会历史遗产和教育因素及个人的努力等方面相互作用的产物，它是人们在客观实践活动中逐渐形成的，往往通过观察力、记忆力、想象力、思考力、判断力，以及知识的迁移力等方式表现出来。

（3）心理因素。创新技能中的心理因素，是指一个人在创造过程中所必须具备的稳定的心态。它的主要标志就是意志和毅力，也就是目标始终如一、不怕困难、百折不挠、不达目的决不罢休的品质。在创新活动中，创新者如果没有良好的心理素质，是不可能取得成功的。

3. 创新实践

创新实践能力是将理论转化为实践、将抽象思想转化为实际成果的能力，是个体顺利运用已有知识、技能解决实际问题所必须具备的各种能力的综合体现。它是一个复杂而统一的活动体系，展现了个体的全面发展水平。

二、大学生应具备的创新能力

创新能力是引领发展的第一动力，当前中国经济正处于爬坡越坎、实现从"中国制造"向"中国创造"的产业转型升级的关键阶段，劳动教育也要适应产业新业态、劳动新形态的变化，着重培育青少年的创新创业能力，推动培养知识型、技术型、创新型劳动人才。那么，青年学生应具备哪些创新能力呢？

（1）学习能力。获取、掌握知识、方法和经验的能力，包括阅读、写作、理解、表达、记忆、搜集资料、使用工具、对话和讨论等能力。

（2）分析能力。将工作任务分解为若干部分进行研究、实操的技能和本领。工作任务是由不同要素、不同层次、不同要求而组成的统一整体，将其拆解分析有助于更好地梳理工作思路。

（3）想象能力。以一定的知识和经验为基础，通过直觉、形象思维或组合思维，不受现有的结论、观点、框架和理论的限制，提出新设想、新创见的能力。

（4）批判能力。在学习、吸收已有知识和经验时，不轻信、不盲从，而是批判性地、选择性地吸收和接受，去粗取精、去伪存真。

（5）创造能力。创造能力是创新能力的核心，它是指首次提出新的概念、方法、理论、解决和实施方案等的能力，是创新人才的禀赋、知识、经验、能力和毅力的综合体现。

（6）解决问题的能力。针对问题，能够选择和调动已有的经验、知识和方法，设计和实施解决问题的方案，对于难题能够创造性地组合已有的方法乃至提出新方法来予以解决。

（7）实践能力。此处特指社会实践能力。创造发明只是创新活动的第一阶段，要使创新成果得到承认、传播、应用，实现其学术价值、经济价值和社会价值，必须要回归现实生活，实践能力就是为实现这一目标而进行的各种社会实践活动的能力。

（8）组织协调能力。实质是通过合理调配系统内的各种资源和要素，发挥系统的整体功能，以实现目标。对于创新人才而言，要完成创新活动，就要协调各方。当拥有一定资源时，可通过沟通、说服、资源分配和荣誉分配等方式来组织协调，最终实现创新目标。

（9）综合能力。强调把研究对象的各个部分结合成一个有机整体进行考察和认识的技能和本领。综合是把事物的各个要素、层次用一定的线索联系起来，从中发现它们之间的本质关系和发展的规律。综合能力是能力增长和人格发展的结果，这需要通过学习、实践和人生历练。要想完成重大创新，拥有综合能力是关键。

三、在劳动教育中培育创新能力

在社会历史的发展浪潮中，人类自身的进步始终是大家关注的焦点。在摆脱繁重劳动的历史进程中，每一次技术革命亦伴随着人类自身的解放。然而，人类的全面自由发展却又无法脱离劳动，正如马克思所言，"人类的本质，即是劳动成其为自由自觉的活动"。

劳动是人类基本的实践活动，所有物质财富和精神财富都必须通过劳动来创造，正如习近平总书记所指出的："人民创造历史，劳动开创未来。"2020 年 11 月 24 日，习近平总书记在全国劳动模范和先进工作者表彰大会上的讲话中强调建设高素质劳动队伍，他指出，"劳动者素质对一个国家、一个民族发展至关重要……

（我国工人阶级和广大劳动群众）要适应新一轮科技革命和产业变革的需要，密切关注行业、产业前沿知识和技术进展，勤学苦练、深入钻研，不断提高技术技能水平……要增强创新意识、培养创新思维，展示锐意创新的勇气、敢为人先的锐气、蓬勃向上的朝气"。这既是新时代中国特色社会主义事业发展对提升劳动者素质的总体要求，也是对劳动教育的总体要求。

（一）劳动教育的传承与创新

准确把握新时代高校劳动教育传承与创新的关系，特别是要注意根据新时代的劳动形势和青年学生的特点，进行劳动教育的内容创新和方式创新。

1. 劳动教育的内容创新

当前，新时代劳动发展的新形势要求新时代高校劳动教育的内容出新。各行各业、所有岗位的工作都在劳动，都需要发扬劳模精神、劳动精神、工匠精神。社会学家艾君在接受南方日报记者采访时认为："新时代劳动价值的体现标准，正在从传统的'出大力，流大汗''苦干加实干'，向知识型、技术型、创新型，并能为国家创造社会效益、经济效益的方向转变。"如今的中国已经进入了依靠技巧劳动、知识劳动等创造性劳动促进人类进步与社会发展的时代，创新劳动的价值得到了充分的尊重和弘扬。这些劳动形式和内容的进步与变化表明了劳动创新在时代发展中的重要价值。随着劳动价值标准的转变，劳动教育的内容也必须创新。

2. 劳动教育的方式创新

新时代学生的新特点要求新时代高校劳动教育的方式要进行革新。新时代的劳动教育面向的是"00 后"大学生，这一代人是伴随着互联网长大的，是"网络原住民"。他们参与传统体力劳动的机会大大减少，劳动意识普遍缺乏，对劳动的认识与上一代、上两代人有很大差异。针对这一特点，我们在继承传统的劳动教育方式的基础上，可以利用网络信息技术、虚拟现实技术、人工智能等形式拓展劳动教育的方式。

（二）大学生创新能力的培养

在培养大学生劳动创新能力的过程中，高校应以学生为中心，让学生成为主体开展学习和实践，使其独立地面对丰富多彩的世界，创造性地分析问题和解决问题，这一举措可以在不知不觉中激发学生们在身体上、思维上的各种潜能，在培养其良好的生活习惯、磨炼坚强意志的同时，塑造自主意识、合作意识和竞争意识，使其身体和心灵都能得到健康的发展。

1. 丰富劳动观

《关于全面加强新时代大中小学劳动教育的意见》强调了开展日常生活劳动、生产劳动和服务性劳动的重要性。针对不同学段、类型的学生特点，以日常生活劳动、生产劳动和服务性劳动为主要内容开展劳动教育。日常生活劳动可以使学生在生活中强化自立意识，体验持家之道，这也是学生健康发展、适应社会生活的重要基础。生产劳动与学生的未来工作密切相关，可以使学生明确岗位要求和安全规程，在真实的生产一线塑造劳模精神和工匠精神。服务性劳动具有较强的时代特点，注重利用知识、技能、工具、设备等为他人和社会提供服务，学生可以通过公益劳动、志愿服务强化社会责任，培养良好的社会公德。高等学校"注重培育公共服务意识，使学生具有面对重大疫情、灾害等危机主动作为的奉献精神"。三类劳动教育的内容有所不同，各学段可以有所侧重，但总体上看，三者都很重要，不能偏废。

2. 提升参与度

（1）提升课堂参与度。在课堂中，应强调学生的主体地位，提倡全员参与。利用翻转课堂、小组互动等形式激发学生兴趣。实验课程作为理论知识与创新精神之间的桥梁，在大学生的动手能力训练中显得格外重要。

（2）提升社会实践参与度。在社会课堂中，要充分调动学生的积极主动性，提倡团队协作、友爱互助。全面推进劳动教育与职业技能大赛、大学生科技创新活动、"三下乡"暑期社会实践、青年学生社会实践、志愿服务、创新创业教育、职业生涯教育、就业指导及校园文化的结合，通过形式多样的实践活动全面锻炼学生的劳动能力，培养积极的劳动情感和正确的劳动价值观。在创造中劳动，在劳动中创造，提升学生的专业技能，挖掘其创造性劳动的潜质。

3. 拓展综合能力素养

一方面，高校要科学、合理地将多方面的技术与能力加以融合，课程设置和课程分类要以专业技术为前提，另外还要与信息技术相结合，防止培养出能力单一、思维局限的学生，而是要培养出能够胜任现代产业转型的综合型人才。另一方面，高校要对学生核心素养的培养予以重视，培养学生具备吃苦耐劳、勇于探索、锐意创新的精神。

案例导引　党的二十大代表李敏：独臂女孩带领村民创业致富

2012 年，时年 22 岁、刚刚毕业的沭阳姑娘李敏或许很难想象，十年后的自己会作为党的二十大代表，带着双荡村全体村民的期盼和嘱托，走进人民大会堂。

十年间，这个曾经对未来一筹莫展的独臂女孩，凭借着过人的毅力和努力，在人生的新旅程中绽放出了绚丽之花。这十年，通过电商自主创业，她不仅开辟了个人新生活，还带动家乡村民触"网"创富，让花木之乡焕发出了新面貌。

7 岁那年，李敏被一场车祸夺去了左小臂，这让她的生活发生巨大变化，她以超越常人的努力顺利完成学业。2012 年，李敏大学毕业，也正是在这一年，"发展农产品电子商务"被写进中央一号文件，农村电商方兴未艾。李敏看到了机遇，选择返乡创业，加入电商大军，准备做花木生意。

她从卖花做起，但是单手打包花卉对于李敏而言是个不小的挑战。有一次，李敏做成了一单 100 多棵月季花苗的生意，拔苗、包装全部要自己来，但月季花上面全是刺，她右手的五个手指头经常被扎破，残疾的左臂也常是血淋淋的伤口。尽管困难重重，但性格坚毅的李敏不愿放弃，还是咬着牙坚持了下来。如今，经过反复的摸索和练习，李敏用一只手配合嘴巴打包、发货的一系列动作早已流畅自如，只需要两三分钟就能打包好一盆绿植。此外，勤于思考的李敏还一直在琢磨着如何将网店做得更好。她创新营销模式，借助直播售卖花木，网店从刚开始的几个月才接一单，到后来慢慢步入正轨。凭借优质的商品和热情的服务，网店的人气越来越旺，最高年销售额达到 100 多万元。

创业期间，李敏一直乐于与其他村民分享她经营网店的经验。为了更好地带动村民增收致富，她在村里设立了电商驿站，配备了 30 多台计算机，定期邀请专业老师、电商从业者现场开设直播教学、图片拍摄技巧、店铺运营等课程。通过学习，初学者在新开网店 6 个月左右就能产生效益。帮村民开网店，帮年轻人熟悉业务，指导不景气的店铺错位发展，分享直播、策划和运营经验……李敏成了村里致富路上的"领头羊"。在她的带动下，村里的电商由原来的 200 户增加到 400 多户，其中有 40 多人通过"触网"就业实现脱贫。2021 年，李敏创办了双荡村"新村干"公益直播基地，帮助当地花农销售自制"沭派盆景"，带领更多人通过直播的方式增收致富。

"江苏省十大感动人物""全国巾帼建功标兵""江苏省劳动模范"……返乡创业十年，李敏从初出茅庐的大学毕业生成长为屡获殊荣的村干部。这十年，她既见证了自己的华丽蜕变，也见证了村子里的巨变。

请结合资料，谈谈李敏的创业故事带给你什么启发。

一、创业与创业能力

劳动是人类社会最基本的实践活动，也是人类创造物质财富和精神财富的基本途径。加强劳动教育，培育深厚的劳动情怀、树立正确的劳动价值观，是当前我国高校思想政治教育的重要任务。

劳动教育与大学生创业意识、创业素质、创业能力的培养密切相关。创业是一种精神，也是一种能力，更是一种劳动。然而什么是创业，至今还没有统一的定义。

微课视频
劳动与创业
能力（上）

（一）认识"创业"

1. 创业的概念

创业是创办事业，也是创业者对自己拥有的资源，或通过努力对能够拥有的资源进行优化整合，从而创造出更大的经济价值或社会价值的过程。杰夫里·提蒙斯（Jeffry A. Timmons）所著的《创业创造》一书曾指出：创业是一种思考、品行素质，是一种杰出才干的行为方式，它需要在方法上全盘考虑并拥有和谐的领导能力。

创业有广义和狭义之分。广义的"创业"是指人类带有开拓、创新并有积极意义的社会活动，即创造一种新的事业的过程。只要是人们以前没有做过的、对社会产生积极影响的事业，广义上都可以称为创业。狭义的"创业"通常是从经济学的角度来理解的，它特指创业个人或创业团队通过寻找和把握各种商业机会，投入已有的知识、技能和社会资本，调动和配置相关资源，为消费者提供产品或服务，是一种具有创新或创造性的、以增加财富为目的的活动过程。创业的概念包括以下内涵。

（1）创业的主体是个人或小规模群体。这些人或小规模群体是资源（社会资本、知识、能力、人力、机会等）的所有者和配置者。

（2）创业需要创立新的社会经济单元。

（3）创业的重点是创业者寻找和把握各种商业机会，并通过某种平台和资源，创造出新颖的产品或服务，实现其潜在价值。

（4）创业是一个创造的过程，创业的价值实现有赖于将提供的产品或服务在市场上转化为商品。

（5）创业具有明确的目的性，即增加财富，包括个人和社会的物质财富与精神财富。

2. 创业的基本特征

（1）创新性。创业是一个复杂的、不断创新、创造的过程，它创造出某种有价值的新事物。这种价值不仅包括对创业者本身的价值，还包括对社会的价值。创新是创业的主旋律。只有不断创新，企业才会有生命力。

（2）曲折性。创业是一个艰辛且曲折的过程，创业初期往往是在十分艰苦的环境下进行的。整个创业过程总是曲折往复。所以，创业过程既需要创业者贡献大量的时间和精力，也需要其艰苦卓绝、长期不懈的坚持和努力。

（3）风险性。创业可能会成功，也可能会失败，总是充满各种风险，主要包括市场风险、合同风险、技术风险、财务风险、人力资源风险、外部环境风险等，这些风险可能会让很多人在创业过程中望而却步或者半途而废。

（4）收益性。一般而言，风险与回报总是相连的。创业既有风险，也会带来一定的收益。这些收益不仅有物质收益，而且有精神收益，它是创业者进行创业的动机和动力。对于创业者而言，最重要的收益与回报可能是从中获得的独立自主的精神及随之而来的在物质财富方面的满足。创业过程中收益多少，往往是衡量创业者是否成功的一个重要标准。

3. 创业的基本要素

由创业的概念可知，创业的要素包括创业者、商业机会、资源、人力资本、组织等几个方面。

（1）创业者。创业者是创业过程中处于核心地位的个人或团队，是创业的主体。创业者应该具有勇往直前的开拓精神和非凡的商业头脑，能够识别机会，并把这些机会转化为商业化创意，还要承担实现创业目标过程中的各种风险，最终获得回报、实现创业价值。

（2）商业机会。商业机会是创业过程中的关键要素，创业者从开始创业到创业成功，这一过程是建立在发现商业机会的基础上的。杰夫里·提蒙斯认为："商机具有吸引力强、持久、适时的特点，它植根于为顾客或最终用户创造和增加价值的产品与服务中。"商业机会是市场中现有企业留下的市场空缺。商业机会就是创业机会，把握、利用好商机，创业者就可以为客户提供有价值的产品或服务。

（3）资源。资源是组织中的各种投入，包括人、财、物。资源不仅是指有形资产，如厂房、机器设备，也包括无形资产，如专利、品牌、企业声誉等。

（4）人力资本。人力资本是创业的重要资源。良好的人力资源是构成创业团队的核心组成部分，可以形成有利的政策制度和有效的组织结构。创业成功的关键在于拥有良好的人力资源。技术是产品或服务的重要基础，是制造产品的系统知识和企业满足社会及市场需求的支持保障与核心竞争力。但是发明和掌握技术的关键在于人。

（5）组织。组织是协调创业活动的系统，是创业的载体，是资源整合的平台。创业活动是在组织内部进行的，需要通过组织来协调各种关系、整合相关资源。从广义上来说，创业组织也是以创业者为核心的关系网络，这个网络中不仅包括创业主体，还包括这个组织之外的顾客、供应商和投资人等。

总之，创业是具有创业精神的创业者、商业机会、组织、资金、人力资本等要素相互作用的动态过程，只有把握好这一过程，才能实现创业者的理想。

4. 创业的意义

（1）对创业者的意义。创业为创业者提供了施展才能的空间，使他们做自己想做的事情，给创业者提供了自我发展、自我完善的舞台。创业意味着创业者能够在加入竞争、创造财富、造福社会的同时不断发展、完善自身，掌控自己的命运，赢得社会的尊重，实现人生价值。

（2）对社会的意义。在知识经济时代，创业是一个国家经济持续发展的原动力。这个时代既需要大批具有创新意识、创新精神和创造能力的人才，又需要大批创业企业进入经济社会，提供就业岗位、增加社会财富、实现先进技术的转化。因此，创业可以说是经济发展的"发动机"、社会就业的"增容器"、技术创新的"加速器"、创新型人才的"孵化器"。随着我国经济快速发展，创新企业大量涌现，新产业、新业态、新模式也不断出现。这些新产业、新业态、新模式不断汇聚成新的经济动能。创业企业的大量增加不仅为国民经济输入新鲜血液，也可以通过新技术、新方法进入市场，加快科研成果和先进技术的转化，对全社会科技生产水平的提高起着重要的促进作用。同时，创业过程既能够增加社会财富，培育创新型人才，还能提供更多的就业岗位，解决大批劳动者的就业问题。

（二）创业能力

创业能力通常是指个体顺利开展创业活动时所必备的辨别、预料和运用市场机遇的综合知识与能力。创业是一个发现和捕捉机会、创造新颖的产品或服务、实现其潜在价值的复杂过程，因此它需要创业者拥有开阔的视野、过人的胆识、较强的创新能力，还需要创业者投入大量的时间和精力，承担相应的财务和社会风险。因此，创业者不仅需要创业环境和外部条件的支持，还需要良好的个人素质与能力（图 7-2-1）。

图 7-2-1　能力决定成败

创业者需要什么样的能力呢？

1. 把握商机的能力

创业最需要的不是资金，而是开阔的眼界和把握商机的能力。一个创业者只有具备良好的把握商机的能力，才能在市场经济中去竞争、去搏击。所以把握商机的能力是创业者有效辨别、预料和运用市场机遇所必需的能力。

2. 组织管理的能力

创业的过程是一个将人、财、物、信息、时间等各种要素进行有效组织、整合的过程。创业者在协调创业活动、整合创业资源的过程中，需要具备良好的组织协调能力，否则创业者的领导作用也就无从谈起。

3. 不断进取的能力

创业是一个长期的、艰苦的过程。创业的本质是尝试新事物，在这一过程中，风险和机遇并存，因此创业需要面对的困难和承受的压力是超出想象的。在创业时，不断进取是开展创业活动的精神基础。所谓不断进取的能力包括创业者坚韧的品质、过人的胆识、奋发图强的斗志和永不言败的精神。此外，这种不断进取的能力及坚韧的品质通常会融入创业企业的精神文化建设中，形成企业的精神文化内核。

4. 善于决策的能力

决策能力是指决策者或经营管理者对某件事定方向、拿主意、做决断的综合能力。在一定意义上，决策能力就是做选择的能力，没有选择就没有决策。决策能力包括经营决策、业务决策、人事决策、战术与战略决策等。创业者在若干个方案中选择一个最可行、有效的方案的过程，就是做决策的过程。由此可见，决策能力是创业能力中十分重要的能力。

5. 沟通交流的能力

建立良好的内外部环境是创业企业获得成功的重要因素。在现代经济社会中，企业本质上是一个开放的经济组织，它需要和社会各界交流信息、互通有无；在企业内部上传下达，和员工沟通思想，处理好关系。一个成功的创业者通常都具备良好的沟通能力，他对外要处理好和消费者、政府、媒体、同业竞争者的合作与竞争关系，对内要处理好和上级、下级、兄弟部门之间的分工与合作关系。由此可见，在创业过程中，创业者的沟通交流能力十分重要。

6. 终身学习的能力

在市场经济中，成功的创业需要知识与创新。除了具备一定的专业知识（如开办医药企业需要懂得医药行业相关知识，开办房地产开发公司要懂得房地产开发相关知识等），创业者还必须具备与创业活动密切相关的一些知识，如创业法律、财务管理、企业经营等。创业所需要的知识是方方面面的，而这样的知识需要实战经验和系统的理论作为指导。尤其是在当前，创业者面对的是一个知识爆炸、复杂多变、竞争激烈的环境，这就要求创业者必须学会学习、终身学习，只有具备强大的学习能力，随时了解各方信息，及时把握社会和行业的发展动态，才能把握好企业的发展方向。

（三）劳动与创业能力

劳动是一种社会实践，它对于毕业后步入社会、准备创业的青年学生而言起到奠基石的作用。按照人的社会化理论，在走向工作岗位之前，学生仍处于社会化的初级阶段，大学是其走进社会前的最后一站。绝大多数青年学子在成长过程中，都是延续着从家门到校门的成长模式，很少有机会真正地接受社会实践的锻炼，对社会也缺乏深刻认知。当青年学子迈出校门的时候，由于在学校期间缺乏劳动锻炼，缺乏深厚的劳动情怀与正确的劳动价值观，所以在就业、创业的过程中存在着理想模糊、期望值过高、追求享乐、幻想"一夜暴富"的情形。部分同学还存在以自我为中心，在没经过社会历练、不知创业艰难、未做好充分准备的情况下，仅凭一时激情便投入创业的洪流中，结果不仅未能成功创业，往往还遭受经济损失和心理创伤。

劳动教育就是让学生通过劳动实践的历练，不断了解、认识劳动之艰辛，进而影响学生的劳动理念和价值观念。部分青年学子希望通过创业获得人生的第一桶金，但是由于缺乏对社会实践的认识，所以常常忽略创业的艰难性、曲折性，缺乏认识、把握商机的敏锐眼光，组织、协调能力和沟通能力不足，结果事与愿违，创业失败。

二、劳动教育与创业能力培育

在我国日益发展的经济社会中，认识新常态、适应新常态、引领新常态是当前和今后经济发展的主旋律，也是当代学生思想政治教育的重要内容。而劳动教育则是使学生认知社会、获得正确劳动观念、培育深厚劳动情感、掌握理论知识和劳动技能、培育社会主义创新型人才的育人活动。

（一）劳动情怀与创业精神

劳动情怀是建立在对劳动正确认知的基础上，经过长期实践而逐步形成的较为稳固的劳动情感、品德、态度和习惯。具体而言，劳动情怀是以劳动情感、态度为基础形成的对劳动的积极认知和情感依赖关系。实践表明，只有具有丰富劳动情感和正确劳动态度的人，才能主动、积极地投入劳动创造中。

劳动情怀与青年学生创业能力的培养有着密切关系。

首先，劳动情怀有利于当代学生实现青春理想。青年学生正处于人生中最为美好、最富活力、最有激情的阶段，也是敢闯、敢为、勇于追梦的阶段。但是天上不会掉馅饼，实现创新创业的青春梦想，只能靠艰苦奋斗、持之以恒的劳动精神。劳动情怀作为劳动价值观的组成内容，影响着人们的价值判断和价值选择，它为创业者提供了施展才能、发展自我、完善自我的正确认知与思想品质。

其次，劳动情怀有利于培养当代学生努力进取的积极情感。劳动情怀增进学生尊重劳动、热爱劳动的心理倾向，有利于其形成吃苦耐劳的品质和抗挫折的心理素质。创业是一个劳心劳力的过程，没有人能随随便便成功。要完成整个创业过程、创造新的有价值的事物，就需要长期不懈的努力。劳动情怀能够培养学生不断进取、坚韧不拔的优良品质，塑造其坚强的心理素质，将自己的创业想法升华为现实所需要的创业能力。

最后，劳动情怀有利于培养大学生的社会责任感。社会责任感是服务社会、奉献社会的精神力量。高校不仅要提升青年学生的专业水平和文化素养，而且要培养其"以天下为己任"、舍我其谁的担当精神和社会责任感，这种社会责任感只有通过劳动实践才能逐步养成。如公益劳动是青年学生直接服务社会所从事的无偿的、积极有益的服务性劳动，它可以培养学生互助互爱、团结协作的服务精神，培育学生无私奉献的社会责任感，有助于青年学生在艰苦的创业过程中协商合作、勇于担责。

总而言之，只有通过劳动教育增进劳动情怀、塑造努力向上的积极情感，才能在创业活动中具备克服困难、勇往直前、不断进取的精神品质。

（二）劳动智慧与创业素质

劳动不仅是一种体力锻炼，也是培育大学生劳动习惯和技能的社会实践形式。热爱劳动，加强劳动锻炼，将劳动教育作为必修课程，可以促使学生养成良好的劳动习惯和劳动技能，增长其对社会的实践性认知，也可以培养、锻炼青年学子勤劳的作风和决策、组织、管理、合作等能力。

中国著名教育家陶行知先生积极提倡劳动教育，把劳动教育视为"在劳力上劳心"，锻炼意志、品质、技能的实践活动。他说："中国教育之通病是教用脑的人不用手，不教用手的人用脑，所以一无所能。"劳动教育能够"谋手脑相长，以增进自立之能力，获得事物之真知及了解劳动者之甘苦"。这是将劳动教育视为促进学生全面发展的实践教育形式。劳动教育是通过参加劳动活动而进行的有目的的、有组织的、培养受教育者多种素质的教育活动，是对青年学生参加社会生产进行实际训练。这种训练既能够增加学生对社会的认知，也能够提高其动手动脑的能力。

所以，劳动教育是一种社会实践活动，可以培育精神、品质和智慧。通过劳动教育，学生可以得到锻炼，获得真知，增进自立能力。

在青年学生的创业生涯中，良好的认知能力与组织管理、协调能力十分重要。认知能力包括一个人的想象力、创造力和实践能力，是创业者应该拥有的基础性的综合能力。一般来说，认知能力与积极参加社会实践活动有关。此外，劳动教育所形成的劳动观念，可以铸就青年学子健康稳定的情绪，自信、乐观、开朗、积极向上的人生态度，乐于学习和探索新事物的精神，以及生活智慧、工作智慧。这些都是一个创业者所必需的素质。因此，劳动教育作为学生参与社会实践的一项基础课程，也是他们参与劳动创造的最初训练。将劳动当作人生创造的起点，自主、自觉地投入社会实践活动中，劳动就会变成一件有意义的事情，学生也能从中获得积极的情感，并培养在创业中所需要的素质和能力。

三、如何提升创业能力

微课视频
劳动与创业
能力（下）

从广义上来看，每个人的生命和生活都会与创新或创业发生关系。创业者若想获得成功，不仅要有创业欲望、创业意志、创业精神，还必须具备一定的能力。在创业初期，创业能力与创业成功有很大关系。一般而言，素质越高、能力越强，把握机会的概率就越大，也更容易获得成功。

（一）培育领导能力

领导能力建立在领导体系、领导职能、领导素质等基础之上，在很大程度上决定着组织目标能否实现及组织目标实现的程度。领导能力是可以培养的，培育创业素质，领导能力是关键。

1. 加强学习

要做合格的领导者或管理者，必须学会学习、持续学习。通过学习各种新知识，掌握创业的专业技能，尤其是创业、管理等方面的最新知识，用丰富的知识来充实自己。

2. 敢想敢干

领导能力的锻炼方式不同，需要积极行动，敢想敢干。因此青年学生在校期间要把握各种机会，特别是要积极参与各种会议或者大型活动，来培养自己的领导意识，不断锻炼自己，使自己迅速成长。

3. 善于表达

表达是一个领导者的重要素质。如果不会表达，不能让更多的人准确理解并执行你的要求，无论你前期做了多么充分的工作，最终效率都会很低。所以要抓住一切机会锻炼表达能力，勇敢地表达自己对事物的看法和见解，并掌握与人交流和沟通的艺术。

4. 勇于担当

若想成为领导者，除了做好认真细致的调查研究，还要坚持原则、勇于担当。团队中的领导者不仅是进行决策和下达命令，更重要的是要在平时敢于处理棘手的问题，勇于承担责任，按照规章制度有序推进各项工作。

5. 注重调查研究

调查研究是认识、把握商业机会的重要手段，这是创业者的首要任务和基本功。领导者的任务就是掌握政策、了解情况和解决问题。只有掌握了真实的情况，才能做出正确的决策，更好地解决问题。

6. 善于总结分析

一个领导者必须注意总结经验，只有这样才能切实提高团队的工作水平和工作能力。培养领导能力，既要在事前考虑问题，还要注意事后的总结分析。

（二）强化判断能力

判断能力是创业者的基本素质。与就业相比，创业有一个显著的特点，即创业者必须时时运用自己的判断能力做出正确的决策。判断能力不是建立在臆测的基础上，而是要准确把握商业规律、利用商业信息和相关工具进行理性分析。因此，创业者要在学习和生活中不断提升自己的判断能力，培养独到眼光。

1. 勤于思考，正反论证

勤于思考、做好调查研究，对准确判断商机与事物的发展趋势来说是十分重要的。判断需要深入调查、善于分析、勤于思考、正反论证，只有通过调查分析，才能抓住事物的本质、找到问题的根源，从而做出正确的判断。

2. 内因外因，辩证分析

优秀的创业者会全方位地了解事物的真相与本质，仔细观察事物的形成过程，分析事物的形成内因，从局部到整体，从点到面，在正确方法的指导下，对事物进行深入地、综合地分析，进而做出正确的判断。

3. 深入思考，善于比较

只有认真比较、深入思考，才能真正认识人或事物的优劣。比较需要建立科学严谨的评估参照体系，这样才有利于正确抉择。善于比较的人往往能捕捉事物的本质与发展趋势，做出科学的判断，选择正确的道路。

（三）加强学习能力

知识经济时代是一个终身学习的时代。创业者要取得成功，就需要学会学习，与时俱进。

1. 养成主动学习的习惯

在知识经济时代，"学习"这一概念已发生根本性的转变。学习型社会、学习型组织、学习型城市、学习型企业、学习型家庭，一切都应运而生。要实现人生的价值，活出生命的意义，就必须学会学习。学习已成为市场竞争取胜的法宝，它既是人们生活中的重要内容，也是人们生活的一种需要、一种乐趣。在这种趋势下，变被动学习为主动学习，是创业者的基本素质。

2. 树立终身学习的理念

"一次性学习时代"已宣告终结，学历教育将逐渐被终身教育取代。在知识经济时代，学习是为了更好地适应日益变化的世界。人的一生都是学习的过程，活到老、学到老，树立终身学习的理念，建立永久性的学习能力，是当代个体和组织发展的重要保障。

3. 掌握现代学习方法

学会利用现代学习手段，发挥信息技术的作用，可以有效地提升学习的效率和效果。尤其是在知识经济时代，除书本、纸和笔外，互联网等动态的、多元的信息媒体也成为主要的学习途径。因此青年学生要充分利用信息化学习方法，增强学习效能。

4. 融入学习型组织

知识经济时代强调的是个体之间、团队内部和团队之间的相互学习，只有抱着谦虚的态度，融入学习型组织，不断学习、善于学习，才能够在快速变化的市场经济竞争中获得成功。一个团队的优良素质主要体现在学习能力和进取精神上。学习能力强的团队可以取得持续发展的能力，在创业过程中不断获得成功。另外，融入学习型组织，有利于学习主体克服惰性，提升学习效果。

学习能力也是对知识的综合运用能力和创新能力。无论是小改革、小发明、小创造、简短的总结，还是科学发现、新的创造、重大革新、高质量的学术报告或学术论文等，都是学习效能的体现。保持较高的学习效能是拥有较强的学习能力的反映。

（四）训练决策能力

决策能力是指决策者或经营管理者对某件事拿主意、做决断、定方向的综合性能力。对于创业企业的领导者来说，决策力包括经营决策、人事决策、业务决策、经营管理、战术与战略决策等多种能力。提高决策能力要从以下几个方面入手。

1. 养成做决策的习惯

决策需要承担风险，开始决策时难免会做出错误的选择。但是，只要大多数的判断是正确的，就总比无所事事强得多。决策能力的培养是一个渐进的过程，也是一个理论和实践相互促进的过程。只有通过多次实践才能提高判断力、提高做出正确决策的能力，最终使自己所做的大多数决策准确无误。

2. 获取最佳信息

创业者要学会搜集信息，并对搜集到的信息进行评估、分析。如果希望能够在获得足够多的信息后再做决策，那就只能无限期地等待，耽误时日，犹如"守株待兔"。因此做决策时只需要对那些最精练、最有用的信息进行评估、分析、比较，然后就可以下定决心。

3. 提出多种不同方案供选择

由于信息的多样性，我们不能期望找到"最优"方法后才做决策。只需尽你所能，在各种解决问题的方案中，依其价值进行排序，从中选择尽可能好的方案。

4. 权衡利弊

可以把各种方案的利弊加以排列，有利因素列在纸的左边，不利的因素列在纸的右边，用这种方法比较利弊得失，一目了然，便于做出决策。

5. 规定决策期限，尽快采取行动

搜集与问题相关的信息材料，并加以分析，列出问题的核心部分，给自己规定决策的最后期限。要知道，决策总带有一定风险，善于决策的人并不是有了百分之百的把握再下定决心，而是一旦做出决断，就尽快采取行动，立即动手去做。在行动中，通过对获得的新信息进行分析，不断完善方案。

（五）提升执行能力

从管理的角度来看，执行能力就是指贯彻战略意图，完成预定目标的能力。执行力包含完成任务的意愿、能力及任务完成的程度等。执行力对于团队而言就是战斗力，对于企业而言就是经营能力。而衡量执行力的标准对于个人而言是按时按质按量完成自己的工作任务，对于企业而言就是在预定的时间内完成企业的战略目标。

一个人执行力的强弱取决于他是否拥有正确的工作思路和方法、是否拥有良好的工作方式和习惯、是否熟练掌握相关工具、是否具有高效执行力的性格特质等。相应地，提升目标管理能力、时间管理能力和工作管理能力是提升个人执行能力最为可行、有效的途径。

1. 目标管理能力

准确的目标直接决定了执行的步骤和实现效率。明确、可实现的目标是高效执行的前提。制订和细分目标，是执行前期的必要准备，是执行的出发点和归宿。如果目标划分科学、管理有序合理，那么可相应地降低执行的难度，取得较好的执行效果。因此，提升目标管理能力，是提升执行力的前提和关键。

2. 时间管理能力

科学合理地利用时间，养成良好的时间管理能力是职业人的重要素质。高效执行力的内涵就是在单位时间内取得更高的工作效率和更好的工作效能。

时间作为一种独特而重要的资源，无法开拓或积存，可以通过对其进行有效的管理而提高使用效率，从而提高学习效率和工作效率，即提升执行能力。时间管理能力是高效率人士最基本的职业习惯，同时也是职场人士的必备修养和能力。

3. 科学的工作方法

不同的事情有不同的完成方法，要用到不同的管理工具。科学的工作方法对于高效完成工作而言十分重要。学会科学的工作方法，往往能事半功倍，大大提高执行能力。

事情的完成有一个通用管理流程，统称为"5W3H"流程。

工作任务（what）：工作内容、工作量、工作要求与目标。

做事目的（why）：做这件事情的目的是什么。

组织分工（who）：这件事由谁或哪些人去做，他们分别承担什么工作任务。

工作切入点（where）：从哪里开始入手，按什么路径（程序步骤）开展，到哪里终止。

工作进程（when）：工作程序和步骤对应的工作日程与安排（包括所用的时间长短）。

方法工具（how）：完成工作所需的工具及关键环节的策划布置（工作方案的核心）。

工作资源（how much）：完成工作需要哪些资源与条件，分别需要多少。如人、财、物、时间、信息技术等资源，以及权力、政策、机制等条件的配合。

工作结果（how do you feel）：工作结果预测，即对别人的影响、别人的评价或感受。

"5W3H"流程是一套科学的工作方法。在执行过程中，使用该方法有助于提高执行能力。

第三节　劳动与创业实践

案例导引　　　　　　　　　阿里巴巴打造创业航母

1999 年年初，现在的互联网帝国——阿里巴巴成立了。一转眼二十余年过去了，阿里巴巴已经从一个单纯的企业间的电子商务平台发展成为一个集金融、物流、电商为一体的"庞大航母"，淘宝、支付宝等软件是它的主营业务。千千万万个小型企业在阿里巴巴打造的电商平台上进行商业运作，这艘"航母"为其保驾护航，给初创企业提供了优良的经济环境，也激活了中小企业的"引擎"。

二十年来，阿里巴巴帮助数以百万计的小商户创业，提供数以千万计的就业机会。草根创业者可以借助阿里巴巴的数字平台给自己创造工作机会，实现人生梦想。阿里巴巴的平台效应为创业者安上成长加速器，一大批服务商、供应商迅速成长，甚至成为上市公司。阿里巴巴社会责任报告显示，到 2036 年，阿里巴巴预计将创造 1 亿个就业机会，帮助 1 000 万家中小企业盈利。广阔的前景吸引着越来越多的学生选择搭上阿里巴巴这艘"航母"来实现自己的创业梦想。

请查阅相关资料，谈谈阿里巴巴是如何创业成功的。

一、劳动与创业项目的选择

在当代，知识创新、技术创新、制度创新、管理创新已经成为社会经济发展的动力，创新劳动日益成为社会劳动的主导形式和价值创造的重要源泉。这主要表现在：知识创新速度加快，对经济增长贡献率大幅度提高；技术创新发展迅速，科学技术转化为现代生产力的周期大大缩短。如今，创新劳动已经成为主要的劳动形态，成为推动社会发展和革命性变革的主导力量，劳动与创造相结合也已经成为时代的迫切需求。

创业项目的选择本质上是一种劳动创新，也是创业中最难、最关键的一步。选

微课视频
劳动与创业
实践（上）

择项目就是选择创业方向，创业失败很多是项目选择错误所致。青年学生在选择项目时往往带有很大的盲目性，容易跟风，挑选一些目前最流行、最赚钱的项目，没有经过任何评估就仓促开业，最终以失败收场。青年学生在选择创业项目时应充分发挥自身在专长、资源、人脉等方面的优势，减少创业中的阻力，提高创业的成功率。

（一）大学生创业项目选择的影响因素

1. 创业者的性格

创业者的性格会决定其行为特征，不同性格的创业者选择的创业项目也不尽相同。外向型性格的学生一般思维敏捷、善于交际、环境适应能力强。但遇事容易冲动、性情急躁，深入思考不足。这种性格的学生创业者一般适合选择需要经常与人打交道的项目，如服务行业、教育行业、公关策划等。内向型性格的学生比较稳重，喜欢单独工作。遇事喜欢思考、有充分的耐心，具有创业者所需的持之以恒的精神，忍耐力和承受力较好。但容易钻牛角尖、优柔寡断，人际交往和接受新事物的能力较差，对新环境的适应能力不够。这种性格的学生创业者在选择创业项目时往往会避开那些需要经常与人打交道的项目，偏爱生产型和研究型的创业项目。复合型性格的学生集中了外向型性格和内向型性格的优势，可以在不同的时期或不同的场合表现出不同的特征，是最适合创业的。他们一般办事认真、周到稳妥、决策果断，应变能力强，具有较强的人格魅力，善于维护和扩展人脉资源，不惧挫折和困难，具有较强的战略眼光。但因其自身优点较多，容易自大，缺少亲和力，所以这类性格的学生喜欢在一些发展前景较好、处于高速成长期的行业选择创业项目，认准一个方向就做到底，不喜欢频繁地转变创业方向。

2. 专业和专长

学生创业者应选择与自己专业相关的项目，充分发挥自己的专业优势来提高创业的成功率；或根据父辈的工作、社会关系和家庭的经济状况来综合考虑。

3. 外部环境

对于学生创业者而言，选择创业项目时要尽量适应外部环境。文化环境会对创业项目的市场需求产生影响，因此学生在选择创业项目时应该尽量选择符合当地文化特征的产业；政策环境对大学生选择创业项目的影响是最显著的，政策给予扶持的行业是大学生创业项目的首选，如环保行业、高科技行业等；学生在选择创业项目时，不可避免地会受到外部经济环境的影响，如国家的宏微观经济形势、创业所在地区的经济状况、消费者的可支配收入等因素。除此之外，还要考虑技术环境、行业环境、竞争环境等带来的影响。

（二）大学生选择创业项目的原则

1. 创新性原则

创业投资不能盲目，它对项目可行性的要求近乎苛刻。如果一个创业计划立意平平、没有什么独特和创新之处，是不值得投资的。

2. 遵循市场规律原则

一般而言，创业项目要有良好的市场前景，符合市场的发展方向，现在大多数风险投资基金和"孵化器"所感兴趣的项目主要有网络技术、软件信息、新材料、新能源、机电一体化、节能领域、生物医药及精细化工等，这些项目有一定的技术含量，发展前景较好，但对创业者的专业要求较高。

3. 符合产业政策原则

我国目前还处在工业化程度逐步加深的阶段，国家大力扶持发展高科技产业，对其给予政策和经济上的帮助。如果一个创业项目符合国家支持的产业导向，它成功的概率将会大大提高，反之则容易夭折或昙花一现。

（三）大学生选择创业项目的依据

由于学生创业者群体的特殊性，择业创业项目时要尽量能够发挥自身的优势，优先考虑以下六个方面。

1. 优先考虑政策优惠的创业项目

为了鼓励大学生创业，各级政府和行政主管部门都出台了一系列优惠政策，有些是专门针对具体行业的，如学生新办咨询业、信息业、技术服务业的企业，可免征企业所得税两年等。学生创业者可以根据实际情况，在这些可享受优惠的项目中找到适合自己创业的项目。

2. 优先考虑技术性较低的项目

学生创业者在第一次创业时要尽量避免进入高科技行业，高科技行业需要投入大量的研发成本，这对于资金较少的创业者来说是难以实现的。学生创业者可以选择技术性较低的行业做起，在积累了一定的资本后再考虑转入高科技行业。

3. 优先考虑处于成长期的项目

学生创业者在创业时往往会选择一些刚开发出来的、毫无市场基础的项目，这样做会有很大的风险。选择一些处于成长期的项目，不仅能有效降低风险，而且可以获得相对较大的利润空间。

4. 优先考虑有特色的项目

别人没有的、与别人不同的、先于人发现的、比别人强的项目都可以归为有特色的项目。特色项目除了可以避免陷入与竞争者同质化的困境，还可以增强产品的辨识度和认知度，拥有更高的定价空间。

5. 优先考虑初始投入资金较少的项目

大多数学生都是利用父母亲友的资助和自己的一些积蓄作为启动资金开始创业的，因此在创业初期应尽量选择前期投入少、资金周转快的项目，这样才能有充足的流动资金维持企业的运营。

6. 优先考虑雇佣人力较少的项目

学生创业者普遍缺乏实际的管理经验，如果一开始就管理很多员工，往往会使企业内部管理混乱。因而没有管理经验的学生可以先选择创建几个人的小企业积累管理经验，随着企业不断壮大，自然有能力管理更多的员工。

二、创业的方式与途径

（一）网络创业

互联网改变了人们的生活，同时也提供了全新的创业方式。网络创业不同于传统创业，无须白手起家，而是利用现成的网络资源。目前网络创业主要有两种方式：① 网上开店，在网上注册成立网络商店；② 网上加盟，以某个电子商务网站门店的形式，利用母体网站的货源和销售渠道进行经营。网络创业的优势是门槛低、成本少、风险小、方式灵活，特别适合初涉商海的创业者。像淘宝等知名商务网站有较完善的交易系统、交易规则、支付方式和成熟的客户群体，每年还会投入大量的宣传费用，创业者加盟这些网站可近水楼台先得月。

（二）加盟创业

分享品牌金矿、分享经营诀窍、分享资源支持，连锁加盟凭借这些优势，成为备受青睐的创业方式。这种创业的特点是利益分享、风险共担。创业者只需要支付一定的加盟费就能借用加盟商的金字招牌，利用现成的商品和市场资源，还能得到专业指导和配套服务，不必摸着石头过河，创业风险也有所降低。但是，随着连锁加盟市场规模的不断扩大，鱼龙混杂现象日趋严重，一些不法分子利用加盟圈钱的事件屡有发生，创业者需提高判别能力。

（三）兼职创业

如果头脑灵活、有钱有时间，但不愿意放弃现在的工作，而且能充分利用在工作中积累的商业资源和人脉关系进行兼职创业，这样可以实现鱼和熊掌兼得的梦想，而且进退自如，大大减少创业风险。但是兼职需要在主业与副业、工作与家庭等几条战线上同时作战，极大地考验创业者的时间、精力、体力、能力和忍耐力，因此需要量力而行。此外，兼职创业最好选择自己熟悉的领域。这种创业方式适合白领一族和有一定商业资源的在职人员。

（四）团队创业

在硅谷流传着这样一条"规则"：由工商管理硕士和麻省理工学院的博士组成的创业团队，几乎就是获得风险投资的保证。这其中蕴含着这样的道理：创业并非是追求个人英雄主义的行为，团队创业成功的概率要远高于个人独自创业（图7-3-1）。一个由研发、技术、市场、融资等各方资源组成的优势互补的创业团队是成功的法宝，对于高科技创业企业来说更是如此。这种创业方式适合海归人士、科技人员、高校学生等。

图 7-3-1　组建创业团队

（五）大赛创业

全国大学生创业服务网是教育部唯一专门宣传、鼓励、引导、帮助大学生创业的官方网站，主要有中国国际大学生创新大赛支持、创业项目对接、创业培训实训、政策典型宣传、创业专业咨询等功能。从国内的情况来看，创业大赛产生了一批大学生企业，如清华大学王科、邱虹云等。创业大赛不仅为学生创业者的闪亮登场提供了舞台，更重要的是为其提供了锻炼能力、施展才华的宝贵机会。通过这个平台，学生创业者可熟悉创业流程、储备创业知识、积累创业经验，接触和了解社会。这种创业方式只适合在校大学生。

（六）曲线创业

先就业再创业。毕业后，学生在各方面的阅历和经验都不足，先到实体企业锻炼几年，积累了一定的知识和经验后再创业也不迟。先就业再创业的学生在跳槽以后，所从事的创业项目通常也是在过去的工作中密切接触的内容。而在准备创业的过程中，可以利用与专业人士交流的机会获得更多的来自市场的创业知识。

（七）创业实践

真正的创业实践开始于创业意识萌发之时，学生的创业实践是学习创业知识的最好途径。间接的创业实践主要可以借助学校举办的某些课程的角色性、情境性模拟参与来完成，如学校的创业大赛、工业设计大赛等，对知名企业家成长经历、知名企业经营案例开展系统性的研究也属于间接学习范畴。直接的创业实践主要是通过课余时间在外兼职打工、试办公司、试申请专利、试办商标申请等活动来完成，也可通过举办创意项目活动、创建电子商务网站、谋划书刊出版事宜等方式来完成。

三、创业计划的制定

微课视频
劳动与创业
实践（中）

创业计划是创业者叩响投资者大门的"敲门砖"，一份优秀的创业计划往往会使创业者达到事半功倍的效果。在创业之前，创业者必须开始学习如何"推销"自己的经营理念和设想，因此创业者首先要学会撰写一份专业且完整的创业计划书，并以此说服团队、客户和投资人。当创业者确定了创业项目之后，就需要对这个项目进行细化和分解，并通过一系列的调研和论证，最后制定出一份可操作性强的行动指南（图7-3-2）。

（一）创业计划书的含义

创业计划书即商业计划书，是创业者在企业成立之前就某一项具有市场前景的新产品或服务，向潜在投资者、风险投资公司、合作伙伴进行游说，以取得合作

图 7-3-2 制定创业计划书

支持或风险投资的可行性商业报告，它用来描述创办一个新企业时所有的内部和外部要素。创业计划通常是各项职能（如市场营销计划、生产和销售计划、财务计划、人力资源计划等）的集成，同时也是制定创业的头三年内所有中期和短期决策制度的方针。

（二）创业计划书的作用

一个标准的创业计划书至少能起到以下三个方面的作用。

1. 帮助创业者自我评价，厘清思路

在创业融资之前，创业计划书首先是给创业者自己看的。办企业不是"过家家"，创业者应该以认真的态度对自己所拥有的资源、已知的市场情况和现有的竞争者做尽可能详尽的分析，并提出一个初步的行动计划，做到心中有数。另外，创业计划书还是创业资金准备和风险分析的必要手段。对于初创的风险企业来说，创业计划书的作用尤为重要，一个酝酿中的项目往往很模糊，通过制定创业计划书，将正反理由都写下来，然后再逐条推敲，创业者就能对这一项目有更加清晰的认知。

2. 帮助创业者凝聚人心，有效管理

一份完美的创业计划书可以增强创业者的自信，增强创业者对企业的控制和对经营的把握。因为创业计划展现了企业的现状和未来发展的方向，也为企业提供了良好的效益评价体系和管理监控指标。创业计划书使得创业者在创业实践中有章可循，通过描绘新创企业的发展前景和成长潜力，使管理层和基层员工对企业及个人的未来充满信心，明确要从事什么项目和活动，使大家了解将要充当的工作角色、工作任务及自己是否胜任这些工作。因此，创业计划书对于创业者吸引所需要的人力资源、凝聚人心具有重要作用。

3. 帮助创业者对外宣传，获得融资

创业计划书作为一份全方位的项目计划，它对即将展开的创业项目进行可行性分析的过程，也是在向风险投资商、银行、客户和供应商宣传拟创建的企业及其经营方式的过程，它在一定程度上也是企业对外进行宣传和包装的文件，其中包括企业的产品、营销、市场、人员、制度及管理等各个方面。一份完美的创业计划不但会增强创业者的信心，也会增强风险投资家、合作伙伴、员工、供应商及分销商对创业者的信心，而这些信心正是企业走向成功的基础。

（三）创业计划书的类型

根据创业计划书的功能，它的审阅对象可分内部与外部两类，对不同的审阅对象需要提供不同类型的创业计划书。

1. 内部审阅者

内部审阅者主要是企业内部员工。对于企业内部员工，创业计划书应该重点明确每个部门的工作目标、工作重点及绩效考核标准。这一类创业计划书更多的是在企业运营过程中撰写的。作为企业的经营蓝图，这种创业计划书长达 40～100 页，其特点在于包含大量的细节信息。设计良好的企业运营计划，可以为新创企业管理者提供运营指导。

2. 外部审阅者

外部审阅者可以分为风险投资者、商业合作伙伴及政府或公共部门三类。

（1）吸引风险投资商的创业计划书。如果创业计划书主要是面对风险投资商，那么商业计划就要对产业和市场、产品和技术、风险和盈利、创业团队及竞争战略等问题进行重点描述，并对资金需求、资金使用、回报和退出措施等加以说明，力求吸引投资者的眼球。然而，在不同的创业阶段，创业者也要为投资者提供不同侧重点的计划书。在创业前期，创业者可以提供一份简略的创业计划，要突出创意的可行性及商业模式，测试投资者是否对创意感兴趣。同时，投资人也会从这一刻起开始考察创业者的各方面能力。在创业发展期，创业者需要提供详尽的创业计划，这一阶段的计划书才能真正地用于融资。

（2）吸引商业合作伙伴的创业计划书。这类的创业计划书在内容上和第一类类似。不同之处在于，这类创业计划书还要明确说明合伙人的出资方式及利益分享机制，对需要双方共同探讨的问题，计划书也应该留有适当的弹性和余地以供变通。

（3）获取政府或公共部门支持的创业计划书。在这类创业计划书中，要对创业活动的经济和社会意义加以说明，这是政府或公共部门较为看重的。同时对于希望给予的具体支持也应详细说明。

（四）创业计划书的内容

创业计划书的内容一般围绕企业的发展目标、商业模式、竞争能力及市场调查而制定，主要包括以下九个方面的内容。

（1）公司摘要。这一部分要介绍公司的主营产业、产品和服务，以及公司的竞争优势、成立的时间地点、所处阶段等基本情况。

（2）公司业务描述。这一部分介绍公司的宗旨和目标，公司的发展规划和经营策略。

（3）产品或服务。介绍公司的产品或服务，描述产品和服务的用途和优点，相关的专利、著作权、政府批文等。

（4）收入。介绍公司的收入来源，预测收入的增长。

（5）竞争及市场情况。分析现有市场规模、现有和将来的竞争对手的优势和劣势，以及本公司的优势和战胜竞争对手的方法，对目标市场做出营销计划。

（6）管理团队。介绍公司的重要人物，包括他们的职务、工作经验、受教育程度等。概述公司的全职员工和兼职员工人数，哪些职务空缺。

（7）财务预测。展示公司目前的财务报表、五年的财务报表预测、投资的退出方式（公开上市，股票回购、出专售、兼并或合并）。

（8）资本结构。介绍公司目前及未来的资金筹集和使用情况、公司的融资方式、融资前后的资本结构表。

（9）附件。支持上述信息的资料，如管理层简历、销售手册、产品图纸等，还有其他需要介绍的地方。

（五）创业计划书的基本结构

完整的创业计划书一般由标题、目录、正文和附件四部分组成。

1. 标题

标题明确了创业项目名称，体现了企业的经营范围。标题一般在封面处以醒目的字体标示出来，如《××创业计划书》。

2. 目录

目录是正文的索引。这里需要按照章节顺序逐一排列每章大标题、每节小标题及对应的页码。

3. 正文

正文是创业计划书的主要内容，包括摘要、主体和结论三大部分。

（1）摘要。摘要既是创业计划书的引文，以引起读者的阅读兴趣；又是创业计划书的总纲，提纲挈领，让读者对创业计划书的内容有一个整体的认知。因此，摘要是计划书的精华和亮点，也是计划书的灵魂，它涵盖了计划书的要点。摘要的品质是决定投资者是否有投资可能的关键。摘要是企业的基本情况、竞争能力、市场地位、营销战略、管理策略、创业项目的投资前景及风险预测等方面的综合概述，是对整个创业计划书精华式的总结，所以通常在计划书的主体完成之后撰写。一份出色的摘要需简短而精练，1～2页纸即可。

（2）主体。主体是对摘要的具体展开。为了让读者一目了然，一般采取章节式、标题式的方式逐一描述。这里集中了企业的战略计划、运营计划、组织与管理计划和财务计划等方方面面，具体包括企业介绍、市场分析、产品（服务）介绍、组织结构介绍、前景预测、营销策略描述、生产计划、财务规划和风险分析等。只要执笔者能够条分缕析，各章节的具体顺序可以自行调整。

（3）结论。结论是对整个创业计划书内容的总结式概括，它和摘要首尾呼应，体现了文本的完整性。

4. 附件

附件是对主体部分的补充。受篇幅限制，不宜在主体部分进行过多描述的，或不能在一个层面详细展示的，或需要提供参考资料、数据的内容，一般放在附件部分，以供参考。

附件包括企业营业执照、审计报告、相关数据统计、财务报表、管理层简历、销售手册、产品图纸、荣誉等。

（六）大学生编制创业计划书的常见问题

1. 缺少实际依据

创业计划书应当建立在有力的证据和合理的调研的基础上，并不是猜测，或者靠创业者对未来会发生什么事的想象。不少学生缺少实践调查，编制的创业计划书一看就是闭门造车，不符合市场实际。

2. 起点过高，目标过大

创业计划书应该符合创业者自身的现实条件，部分学生撰写的创业计划书常常会让人感觉起点过高、目标过大，当前的实力无法达到。

3. 面面俱到

创业计划书虽然涉及的内容非常多，但并不一定要面面俱到。一定要注意突出重点内容，做到详略得当。篇幅太长必然会导致很多话是空话、套话，更容易引起读者的厌倦和反感。

4. 目标市场过宽

有些创业计划书经常会让人感觉其产品或服务适用于任何市场或任何客户，对新创企业的市场界定得过宽，表明创业者并没有明确真正的目标市场。

5. 过于乐观

创业计划书要对商业前景和风险、优势与劣势有清醒的认识和客观的分析。一些学生撰写的创业计划书对风险和不利因素考虑得不够。许多投资者更加看重一个创业计划所面临的风险的大小，他们在看创业计划书时可能会直接跳读到风险部分，因此对风险估计不够充分或者盲目乐观会使创业计划书失去可信度。

6. 形式上的错误

形式上的错误往往是因为不重视细节或者校对马虎，常见的错误有排版印刷错误、表格中的数据不合理、没有封面、序号错误、标题的字号和字体不统一等。对细节不够用心会有损创业者的可信度。

四、开办新企业的步骤

（一）进行市场调研

创业前的市场调研主要分为以下三个方面。

1. 行业状况研究

行业状况研究主要研究所关注的行业的现状、发展趋势及生存条件等，需要密切注意新技术在行业中的运用，也要关注与本行业相关的新闻动向。

2. 消费者研究

消费者研究主要了解消费者的需求、消费习惯与态度、消费者的满意度、消费者的媒体接触习惯与方式、消费者的价值观等，并对其进行产品概念测试。

微课视频
劳动与创业
实践（下）

3. 竞争对手研究

竞争对手研究主要了解行业内主要竞争品牌的知名度，并进行市场占有率分析、竞争品牌市场行为分析（包括主要经营者的变动及其他动向）。竞争不仅来自同行业的同类产品，还来自替代品、新加入的竞争者等多方面的威胁。

（二）建立合作团队

企业的创办者不可能万事皆通，他可能是技术方面的天才，但对管理、财务和销售可能是外行；他也可能是管理方面的专家，但却对技术一窍不通。因此，建立一个由各方面人才组成的合作团队，对于创办企业来说是十分必要的。一个平衡的、有能力的创业团队，应当包括拥有管理和技术经验的经理和财务、销售、工程，以及软件开发、产品设计等其他领域的专家。

创业团队的组建主要有两种模式：一是以个人为主导的创业。一个人想到了一个商业点子或抓住了一个商业机会，他就可以开始组成所需的团队。二是群体性创业。创业之初即是合作伙伴，成员主要因经验、友谊或共同兴趣而结缘，合伙组建团队，发现商业机会。

（三）筹集创业资金

创办一个新企业，首先要确定资金需求。确定所需资金，应考虑三个方面的问题：开办企业所需资金、企业运营所需资金和企业人员的相关支出。

1. 开办资金

开办资金是指企业创办之初产生的支出。业务一旦开展，发生的费用就不再是开办资金。开办资金包括仪器设备、初始库存、初始房租和水电费、营业执照和各类许可证、某些法律费用、开业典礼、广告宣传等。

2. 运营资金

企业自开始营业到产生足够利润维持企业正常运转之前，都需要资金的投入。具体来说，运营资金包括库存、铺货、广告宣传、薪酬、税金、维修、保险、月租金及水电费等。

3. 人员支出

这部分包括创业团队和公司员工所必需的各项支出，包括工资、社会保险、办公及必要的公司活动、培训等。

大多数学生创业者没有足够的资本来创办一个新企业，他们必须寻求外部的资金支持。除个人存款外，家庭和朋友也是最常见的资金来源。学生创业者应该正确衡量家庭和朋友提供资金的利弊得失，最好能够从一些志同道合的朋友处获得一定的资金，大家合伙投资，共同创业。

（四）选择经营场所

创业企业都需要经营场所，企业的选址与未来的经营发展有着很大的关系。对于创业者来说，将创业的地点选在哪个城市、哪个区域是一件决定性的事情。尤其是以门店为主的商业或服务型企业，店面的选择往往是成功的关键，好的选址等于成功了一半。

大多数创业者都会选择在熟悉的环境（家乡或者学习的城市等）开展创业活动。在选定目标城市后，还需要进一步确定具体的经营地点。不同类型的创业企业在选址时优先考虑的因素是不同的。

对于那些刚刚开始创业的人来说，SOHO（Small Office & Home Office，即小工作室或家庭办公室）办公也许是一个好的开始，但当你已经需要成立一个公司，开始真正走上创业之路的时候，有一个正规的办公场所就显得十分重要。

 讨论交流

1. 在互联网发展异常迅猛的今天，很多人都找到了就业新方向。有人想辍学当"网红"，或想成为"流量明星"，你如何看待这种现象？

2. 劳动者和创业者之间既有共性，也有差异，请你谈谈二者的异同。当你毕业后，你会选择就业还是创业？是否有目标行业或岗位？你的选择依据是什么？

一、活动目标

在市场调研、数据分析的基础上，设计一个或体现科技创新、或体现文化创意、或具有市场前景的概念型产品或服务，并撰写一份完整、具体、可行的创业计划书，提升创新创业意识，增强创新创业能力。

二、活动准备

进行市场调研，确定创业方向。查阅文献资料，明确创业计划书的编制格式和具体内容。

三、活动内容

依据专业方向、兴趣爱好等自行组成创业团队，通过市场调查、数据分析，选择设计一项产品或者提供某种服务作为创业项目，并从项目的背景、具体内容、可行性、营销计划、发展前景等方面进行分析，撰写一份完整的创业计划书，有条件的请利用课余时间进行创业实践，最后各创业团队对成果进行展示汇报。

四、注意事项

（1）整体设计合情合理，符合实际情况。从调研到分析、从团队组建到经费使用都应当量力而行，切忌起点过高、目标过大。

（2）团队成员分工有序，体现合作精神。

（3）撰写创业计划书时要注意用语准确，符合规范，切忌流水账。

五、活动体会

谈谈你选择创业项目的依据是什么？你认为创业者应该具备哪些能力？填写并提交"实践活动表"。

活动名称	撰写创业计划书		
团队成员		创业项目	
调研情况 及结果分析	1. 创业背景 2. 主要竞争对手分析（优势、劣势） 3. 可行性分析 4. 消费者心理分析		
项目介绍	1. 项目特点和核心竞争力 2. 市场定位和营销计划 3. 团队管理 4. 财务情况		
风险评估 及发展前景	1. 风险预测及应对策略 2. 发展前景		

实践训练卡

参考文献

［1］习近平. 高举中国特色社会主义伟大旗帜　为全面建设社会主义现代化国家而团结奋斗——在中国共产党第二十次全国代表大会上的报告［M］. 北京：人民出版社，2022.

［2］中共中央马克思恩格斯列宁斯大林著作编译局. 马克思恩格斯选集［M］. 北京：人民出版社，2013.

［3］中共中央文献研究室. 建国以来重要文献选编［M］. 北京：中央文献出版社，1992.

［4］中国教育年鉴编辑部. 中国教育年鉴（1949—1981）［M］. 北京：中国大百科全书出版社，1984.

［5］教育部政策研究与法制建设司. 现行教育法规与政策选编［M］. 北京：教育科学出版社，2002.

［6］吴式颖. 马卡连柯教育文集［M］. 北京：人民教育出版社，2005.

［7］钟启泉. 课程论［M］. 北京：教育科学出版社，2007.

［8］赵放，王千文. 职业院校劳动教育教程［M］. 北京：高等教育出版社，2022.

［9］缪昌武，王士恒. 劳动通识教育［M］. 北京：高等教育出版社，2022.

［10］郑彦云. 大学生创新创业能力培养［M］. 广州：暨南大学出版社，2017.

［11］邹礼均. 大学生安全教育与管理［M］. 重庆：重庆大学出版社，2018.

［12］胡君进，檀传宝. 马克思主义的劳动价值观与劳动教育观——经典文献的研析［J］. 教育研究，2018，39（05）：9-15.

［13］檀传宝. 劳动教育的概念理解——如何认识劳动教育概念的基本内涵与基本特征［J］. 中国教育学刊，2019（02）：82-84.

［14］徐海娇. 重构劳动教育的价值空间［J］. 中国教育学刊，2019（06）：51-56.

［15］ 张世豪，罗建文. 论劳动教育与新时代人的全面发展［J］. 思想理论教育导刊，2019（11）：124-128.

［16］ 徐长发. 新时代劳动教育再发展的逻辑［J］. 教育研究，2018，39（11）：12-17.

［17］ 生蕾. 新时代高校思想政治教育要重视大学生劳动精神的培育［J］. 劳动哲学研究，2023（01）：248-258.

［18］ 张丽，张明. 探析高职院校学生技能培养的实施途径［J］. 科教文汇（下旬刊），2020（06）：101-102，110.

［19］ 李珂. 新时代劳模精神的崭新意蕴与当代价值［J］. 红旗文稿，2020（08）：33-35.

［20］ 徐耀强. 论"工匠精神"［J］. 红旗文稿，2017（10）：25-27.

［21］ 高亮，郑清华. 劳动育人视角下大学生志愿服务创新研究［J］. 大众标准化，2020（10）：130-131.

［22］ 廖妍. 大学生"三下乡"社会实践活动的意义及其问题研究［J］. 消费导刊，2009（06）：248-249.

［23］ 王冕. 新时代高校社会实践的局限及改善对策［J］. 现代教育科学，2020（02）：33-37.

［24］ 胡斌武，沈紫晴. 劳动教育研究70年：回顾与展望［J］. 浙江工业大学学报（社会科学版），2019，18（04）：442-446.

［25］ 王生雨，吴玉剑. 工匠精神视域下高职学生劳动教育策略论析［J］. 职业教育研究，2018（10）：18-22.

［26］ 王连照. 论劳动教育的特征与实施［J］. 中国教育学刊，2016（07）：89-94.

读者意见反馈

为收集对教材的意见建议，进一步完善教材编写并做好服务工作，读者可将对本教材的意见建议通过如下渠道反馈至我社。

咨询电话　400-810-0598

反馈邮箱　gjdzfwb@pub.hep.cn

通信地址　北京市朝阳区惠新东街 4 号富盛大厦 1 座

　　　　　高等教育出版社总编辑办公室

邮政编码　100029

资源服务提示

授课教师如需获得本书配套教学资源，请登录"高等教育出版社产品检索信息系统"（https://xuanshu.hep.com.cn/）搜索本书并下载资源，首次使用本系统的用户，请先注册并进行教师资格认证。

联系我们

高教社高职劳动教育研讨 QQ 群：813371686